GERT POSTEL

Doktorspiele

Buch

Berühmt geworden ist der gelernte Postbote als geschätzter Oberarzt für Klinische Psychiatrie. Er verhandelte erfolgreich mit Beamten des Dresdener Sozialministeriums um Leitungspositionen, schrieb Gutachten für sächsische Schwurgerichte und genoß als Theologiestudent sogar eine Privataudienz beim Papst. Gert Postel ist ein Meister der Verstellung. Mit Witz, Chuzpe und einer großen Portion Menschenkenntnis sowie seiner unbekümmerten Nonchalance gegenüber bundesdeutschen Strafgesetzen gelingt es ihm, seinen Traum von akademischen Weihen und gesellschaftlichem Aufstieg zu verwirklichen. Postel erfand sich und seine abstrusen Legenden mit jener Leichtigkeit, die nicht nur seine Förderer für das wahre Leben hielten. Seine autobiographischen Geständnisse sind nicht allein die amüsanten Memoiren eines geläuterten Schwindlers, sondern auch eine doppelbödige Hommage an seine getäuschte Umgebung: an Anwälte, Politiker, Mediziner, Psychotherapeuten, Richter, Sachverständige und an seine vielen Freundinnen, kurz an alle, die die unglaubliche Karriere des Dr. Gert Postel erst ermöglicht hatten.

Autor

Gert Postel, geboren 1958 in Bremen, ist Briefträger von Beruf. Seit gut 25 Jahren operiert der notorische Hochstapler jedoch als Fälscher seiner selbst. Seine schillernde Karriere vom Rechtspfleger über den Amtsarzt beim Gesundheitsamt bis hin zum Oberarzt einer psychiatrischen Klinik in Zschadraß, Sachsen, endete 1999 jäh mit einer verhängten Freiheitsstrafe von vier Jahren wegen Urkundenfälschung, Betrugs, Täuschung und Mißbrauchs von akademischen Titeln.

»Postel vermag, bildhaft ausgedrückt, in vieler Hinsicht durch Wände zu gehen.«

Volker Zastrow, Frankfurter Allgemeine Zeitung

Gert Postel

Doktorspiele

Geständnisse eines Hochstaplers

Mit einem Vorwort
von Prof. Dr. med. Gert von Berg,
Münster

GOLDMANN

Umwelthinweis:
Alle bedruckten Materialien dieses Taschenbuches
sind chlorfrei und umweltschonend.

Der Goldmann Verlag ist ein Unternehmen
der Verlagsgruppe Random House GmbH

Vollständige Taschenbuchausgabe Juni 2003
Wilhelm Goldmann Verlag, München,
in der Verlagsgruppe Random House GmbH

Umschlaggestaltung: Design Team München
Umschlagfoto: Hartmuth Schröder
Lektorat: Palma Müller-Scherf
Satz: DTP im Verlag
Druck: Elsnerdruck, Berlin
Verlagsnummer: 15247
KF · Herstellung: Sebastian Strohmaier
Made in Germany
ISBN 3-442-15247-X
www.goldmann-verlag.de

1 3 5 7 9 10 8 6 4 2

Der Papst sprach deutsch mit mir. Es ging um Glaubensfragen.

Inhaltsverzeichnis

Vorwort des Herausgebers

Als Nervenarzt die Selbstzeugnisse Gert Postels herauszugeben kann einen nicht mit Stolz auf die eigene Zunft erfüllen. Zu vielfältig und zu schmerzhaft sind die Wunden, die dieser gelernte Postbote im Laufe der Jahre unserer Profession zugefügt hat. Wenn ich gleichwohl dem Wunsch des Verlages folge, mich dieser heiklen editorischen Aufgabe zu unterziehen, dann im wesentlichen deshalb, weil ich davon überzeugt bin, daß das hier vorzulegende Material unserer Wissenschaft einzigartige Möglichkeiten eröffnet, in das Denken und Handeln eines gestörten, unserer Hilfe bedürftigen Menschen Einblick zu nehmen. Es ist sicherlich nicht übertrieben, wenn ich behaupte, daß es seit den Denkwürdigkeiten des weiland Senatspräsidenten am Oberlandesgericht Dresden, Daniel Paul Schreber, die Sigmund Freud seinerzeit zu seinem großartigen, spekulativen Essay bewegten, keine derartige Fülle bedeutender, originaler Selbstreflexionen eines Patienten gegeben hat wie Gert Postels hier vorgelegte Berichte. Aus diesem Steinbruch sich hemmungslos zu bedienen sollte jedem kritischen Juristen und Psychiater heilige Pflicht sein.

Wenn ich aus meiner Kenntnis des Postelschen Wirkens spontan die wichtigsten Objekte benennen sollte, zu denen er sich hingezogen fühlt, dann würde ich sagen:

- zu akademisch gebildeten Frauen, die er bewundern und wieder vom Sockel stoßen kann (die Frage, ob er tiefe menschliche Bindungen eingehen kann, ist umstritten);
- zur Welt der psychiatrischen Institutionen, ihren ärztlichen Protagonisten und ihren spezifischen Sprachformen;
- zum Kosmos der katholischen Kirche, wobei ihm der Gedanke, als demütiger Einsiedler oder als einfacher Frater in einem Kloster den Rest seines Lebens zu verbringen, nicht fremd ist;

– zur veröffentlichten Meinung in ihren vielfältigsten Formen, namentlich zu Journalisten, die er entweder idealisiert oder aufs bitterste bekämpft; und schließlich
– zum Recht und seinen Akteuren, zu Staatsanwältinnen, Richterinnen, Rechtsanwälten und Sachverständigen.

Sein sicheres Gespür für die Bedürfnisse und Schwächen dieser Institutionen und Personengruppen hat ihn immer wieder befähigt, über alle Grenzen seines eigentlichen Standes, seiner formalen Bildung hinweg sich seinen begehrten Objekten zu nähern, ihre Sprache nachzuahmen, ja sich ihnen in gewisser Weise anzuverwandeln.

Manfred Manischewski, dessen früher Tod eine noch immer spürbare Lücke in die deutsche forensische Psychiatrie gerissen hat, verdanken wir nicht nur das grundlegende Werk »Die psychische Konstitution des Hochstaplers«, sondern auch den Begriff des »Zelig-Syndroms«, der diesen Prozeß der chamäleonhaften Camouflage in jedweder sozialen Umgebung so plastisch beschreibt und ohne den eine Hochstaplerforschung, die diesen Namen wirklich verdient, heute nicht mehr auskommen kann. Gerade Manischewski hätte sich mit wahrem wissenschaftlichen Heißhunger auf das hier vorliegende Material gestürzt und uns mit Sicherheit namentlich bei der Querschnittsauswertung neue Einsichten eröffnet.

Ich möchte der auf diese Veröffentlichung sicherlich folgenden wissenschaftlichen Diskussion nicht vorgreifen, schon gar nicht sie von vornherein in eine bestimmte Richtung lenken. Ich werde mich deshalb im wesentlichen auf einige Erläuterungen zum besseren Verständnis der Postelschen Texte und zur Entstehung des Manuskripts beschränken:

Da die Aufzeichnungen Postels sich nicht gerade durch Geschlossenheit auszeichnen und auf der Zeitachse manches, was Postel schreibt, nicht so leicht einzuordnen ist, gebe ich einen kurzen biographischen Abriß, der es dem Leser ermöglichen soll, die in den Niederschriften Postels abgehandelten Geschehnisse an Hand objektiver Erhebungen in zeitlicher und sachlicher Hinsicht richtig zu plazieren:

1958 Geburt in Bremen als ehelicher Sohn eines Kfz-Handwerkers und einer Schneiderin. P. wuchs in einem ländlichen Vorort von Bremen auf und besuchte dort die Volksschule.

Im September 1973 trat er in die Dienste der Deutschen Bundespost. Er absolvierte dort eine zweieinhalbjährige Ausbildung. Ein Jahr lang arbeitete er als Postbote beim Postamt Bremen 1.

Im Herbst 1977 hielt sich P. wenige Monate im Herrmannsburger Missionsseminar bei Celle auf, wo er eine Ausbildung zum Theologen hätte absolvieren können, um schließlich als Missionar in Übersee eingesetzt zu werden. In der Folgezeit, und zwar bis 1984, übersandte er dem Kreiswehrersatzamt regelmäßig gefälschte Bescheinigungen der Missionsanstalt, mit denen er jeweils seine Einziehung zum Grundwehrdienst verhinderte.

Ende 1977 bewarb er sich unter Vorlage eines gefälschten Abiturzeugnisses beim Präsidenten des Oberlandesgerichts Bremen zunächst erfolgreich um die Zulassung zur Ausbildung als Rechtspflegeanwärter. Als die Täuschung einige Monate später offenbar wurde, mußte er den Justizdienst verlassen. Im September 1979 wurde er deshalb vom Jugendschöffengericht Osterholz-Scharmbeck des Betruges und der Urkundenfälschung für schuldig befunden. Es wurde ihm auferlegt, eine Geldbuße von 700 DM an eine gemeinnützige Einrichtung zu zahlen.

1979 Tod der Mutter.

Im November 1979 verurteilte ihn das Amtsgericht Bremen wegen unbefugter Titelführung zu 600 DM Geldstrafe. Er hatte sich in Mietverträgen als Dr. Schuring ausgegeben und erstmals behauptet, er sei Arzt. Man hielt ihm zugute, er habe seine Chancen auf dem Wohnungsmarkt verbessern wollen.

Januar 1981 arbeitete P. als Assistenzarzt in der Clemens-August-Klinik, einer Fachklinik für psychotherapeutische Medizin, in Neukirchen, Oldenburg.

Im März und teilweise noch im April 1981 bekleidete er eine Arztstelle beim Reichsbund Berufsbildungswerk in Bremen. Da er sich von dem Richter entdeckt fühlte, der ihn im November 1979 verurteilt hatte, stellte er sich den Ermittlungsbehörden und legte ein volles Geständnis ab.

Doch erst im November 1982, also nahezu 18 Monate später, befaßte sich das Amtsgericht Bremen mit diesen Taten und stellte das Verfahren gegen Zahlung einer Geldbuße in Höhe von 600 DM ein.

Im März 1982 ließ er sich als Dr. Höfer beim Kreiswehrersatzamt in Nienburg mustern, wurde für tauglich befunden und bewarb sich unter Verwendung gefälschter Zeugnisse als Stabsarzt bei der Bundeswehr. Er stellte sich persönlich beim Divisionsarzt der 11. Panzergrenadierdivision vor, gab an, in Medizin und Psychologie promoviert zu sein und die Offizierslaufbahn anzustreben, unter anderem, weil sein Onkel General bei der Luftwaffe sei. Auch hier erstattete P. nach Aufdeckung Selbstanzeige, was zur Folge hatte, daß die Staatsanwaltschaft Bremen schon im April 1982 das Verfahren als unwesentliches Nebendelikt einstellte.

Im Sommer 1982 bewarb sich P. unter dem Namen Dr. Dr. Bartholdy um die Stelle eines stellvertretenden Amtsarztes beim Gesundheitsamt der Stadt Flensburg und bekleidete diese Stelle rund ein halbes Jahr. Da sich in der Ärzteschaft Kritik an seiner Amtsführung häufte, bemühte er sich um einen neuen Arbeitsplatz: Er bewarb sich erfolgreich um eine Assistentenstelle in der Psychiatrie der Christian-Albrechts-Universität in Kiel, die er wohl auch im April 1983 angetreten hätte, wenn er nicht kurz zuvor entdeckt worden wäre.

Wegen seiner Flensburger Tätigkeit befand sich P. für wenige Wochen in Untersuchungshaft. Das dortige Landgericht verurteilte ihn im Dezember 1984 zu einer Bewährungsstrafe von einem Jahr.

Ab 1983 gelegentliche Beschäftigung als Pressefotograf und als Kunsthändler.

1984 Beginn der Bekanntschaft mit dem späteren Medienberater des schleswig-holsteinischen Ministerpräsidenten Barschel, Reiner Pfeiffer. Gemeinsame Streiche. Pfeiffer verfaßt P.'s erste Lebenserinnerungen.

Mitte der 80er Jahre Rechtsstreit mit dem Vater vor dem Landgericht Berlin und vor dem Kammergericht. Sein Verhältnis zum Vater versucht P. in dem Kapitel »Wie ich einmal einen unerwünschten Besuch abstattete« zu thematisieren.

Im Oktober 1986 wurde P. vom Amtsgericht Bremen unter Einbeziehung der Flensburger Verurteilung zu zwei Bewährungsstrafen verurteilt, eine von zwei Jahren und eine von drei Monaten. Dieser Verurteilung lagen verschiedene Vergehen Postels zugrunde, die sich in der Zwischenzeit angesammelt hatten: Fortgesetzte Entziehung vom Wehrdienst, seine hartnäckige Verfolgung der Bremer Staatsanwältin Dr. G. und ein Betrug zum Nachteil der FAZ durch Aufgabe einer pompösen Todesanzeige für einen verstorbenen Bekannten (Prof. Dr. Q.), die P. nicht bezahlen konnte. Über sein Verhalten gegenüber der Staatsanwältin G. berichtet P. im Kapitel »Wie ich beim Aufbau Ost mithalf.«.

Im September 1988 verurteilte ihn das Amtsgericht Oldenburg zu einer Geldstrafe von 800 DM wegen fortgesetzter Amtsanmaßung und falscher Titelführung, weil er, mehrfach sich als Dr. Martens vom Niedersächsischen Kultusministerium ausgebend, bei Prof. von M., Universität Oldenburg, der für die Begabtenabiturprüfung zuständig war, zugunsten seiner eigenen Hochschulzulassung interveniert hatte.

Ab 1989/90 studierte P. mit Unterbrechungen in Münster

katholische Theologie und wohnte als Priesteramtskandidat zeitweilig im Niels-Stensen-Kolleg. Die Zugangsberechtigung zu diesem Studium hatte er erlangt, indem er erneut als Dr. Martens vom Kultusministerium die Universität Oldenburg, diesmal Standort Vechta, anwies, dem Schüler Gert Postel trotz eigentlich nicht ausreichender Prüfungsleistungen ein Zeugnis mit dem Vermerk »bestanden« auszustellen. Als Priesteramtskandidat durfte er aufgrund eines Empfehlungsschreibens des Bischofs von Münster den Papst in einer Audienz besuchen.

In den Jahren 1990-93 will P. gelegentlich ärztliche Aushilfstätigkeiten bei einem berühmten Naturarzt und wortgewaltigen Medizinkritiker und beim »Institut International pour la lutte contre la chutte des cheveux« (Internationales Institut zur Bekämpfung des Haarausfalls) verrichtet haben. Ob diese Angaben zutreffen, ließ sich mit den mir zur Verfügung stehenden Methoden nicht verifizieren. Jedenfalls beschreibt P. seinen angeblichen Aufenthalt bei der zuletzt genannten Institution in dem Kapitel »Wie ich mich einmal als Dermatologe betätigte«.

1993 Eheschließung mit einer promovierten Ostberliner Historikerin. In der kurzen Zeitspanne seiner ersten, echten Ehe – er lebte in den 80er Jahren fast sieben Jahre lang mit einer norddeutschen Richterin zusammen und unterhielt ansonsten eine Reihe von Liebesverhältnissen zu Akademikerinnen –, spielt das Kapitel »Wie ich einmal zu Unrecht beschuldigt wurde«.

Ende 1993/Anfang 1994 stationäre Behandlung P.'s in der Charité (Berlin) wegen einer Depression.

Ab 1994 Kontakte zu dem FAZ-Journalisten Zastrow, von dem auch das Kapitel »Mein Lieblingsjournalist« handelt.

Von Februar 1994 bis Juli 1994 arbeitete P. als Begutachtungsarzt für die Erstellung von sozialmedizinischen Gutachten im Berufsförderungswerk Berlin-Brandenburg.

Ab dem zweiten Halbjahr 1994 bis zum Sommersemester 1995 Wiederaufnahme des Theologiestudiums in Münster.

Von November 1995 bis Mitte Juli 1997 arbeitete P. als Oberarzt in der Psychiatrischen Abteilung des Sächsischen Krankenhauses Zschadraß. Sein dortiges Wirken versucht P. in dem Kapitel »Wie ich beim Aufbau Ost mithalf« zu verarbeiten. Da seine Taten dort im wesentlichen den Gegenstand seines späteren Leipziger Prozesses bilden, liegt die Vermutung, auch angesichts des in dieser Ausarbeitung angeschlagenen rhetorischen Tons, nicht fern, daß P. dieses Kapitel ursprünglich als seine Verteidigungsrede vor Gericht konzipiert hatte.

Ab Mitte Juli 1997 bis Anfang Mai 1998 befand sich P. auf der Flucht. Bislang bekannte Aufenthaltsorte in dieser Zeit: München, Stuttgart, Esslingen, Frankfurt, Berlin und Hiltrup. Postel beschreibt diese Lebensphase in den Kapiteln »Wie ich einmal eine Frau als Objekt behandelte« und »Wie ich einmal in eine Pistolenmündung schaute«.

Ab Mai 1998 Untersuchungshaft in Leipzig.

Ende Januar 1999 Verurteilung durch das Landgericht Leipzig wegen Betruges und Urkundenfälschung in zahlreichen Fällen zu einer Freiheitsstrafe von 4 Jahren, die P. mittlerweile zu zwei Dritteln verbüßt hat und deren letztes Drittel zur Bewährung ausgesetzt wurde. Seine Wahrnehmung der Hauptverhandlung vor dem Landgericht Leipzig hat P. in dem Kapitel »Der Prozeß« zusammengefaßt.

Soweit das biographische Gerüst, das sich leider auf die Daten seiner vita criminalis beschränken muß und aus dem sich schließen läßt, daß bei P., seit er vor über zwanzig Jahren erstmals auffällig wurde, eigentlich keine Entwicklung, auf jeden Fall nicht zur Rechtstreue, festzustellen ist. Allerdings wird man abwarten müssen, wie sich die erstmalige Vollstreckung einer spürbaren Freiheitsstrafe auf P. auswirken wird. Diese Übersicht zeigt uns nämlich eines mit erschreckender Deutlichkeit: Die westdeutsche Justiz hat P. stets ungewöhnlich milde behandelt. Es bedurfte erst der Wiedervereinigung und einiger aufrechter Leipziger Richter, um Postel erstmals deutliche Grenzen zu setzen. Ich sage das bewußt als ein Psychiater, der um das Problematische des Strafens weiß. Es kann nämlich nicht ausgeschlossen werden, daß gerade die narzißtisch gestörte Persönlichkeit doch für Abschreckung empfänglich ist.

Das Schlußkapitel »Wie ich von meiner narzißtischen Störung geheilt wurde und ein straffreies Leben führte« hat in meinen Augen rein spekulativen Charakter. Es ist eine Zukunftsvision, die im übrigen die Frage nahelegt, ob P. seine eigenen Schwierigkeiten nicht gewaltig unterschätzt. Dieses Kapitel führt uns schließlich zu einem generellen Problem der P.'schen Notate: nämlich seiner verzerrten Realitätswahrnehmung, seinem gestörten Verhältnis zur Wahrheit.

Die Aufzeichnungen P.'s stecken voller Behauptungen, die mit der Wirklichkeit nicht in Einklang zu bringen sind. Halb- und Unwahrheiten, Selbststilisierungen und – warum nicht auch als Psychiater das gute, ehrliche deutsche Wort gebrauchen – faustdicke Lügen geben sich in seinen Texten die Hand. Außerdem kann man immer wieder feststellen, daß P. vollkommen unbegründete, aber gleichwohl heftige Antipathien gegen bestimmte Personen hegt, nicht zuletzt gegen die Psychologin Nowara und den geschätzten Kollegen Leygraf, die ihn zwar auf wissenschaftlich höchstem Niveau begutachtet haben, ihm nur nicht den Gefallen getan haben, ihn auch noch als ihresgleichen zu behandeln.

Wir Nervenärzte behelfen uns bei gestörter Realitätswahrnehmung mit der Einsicht, daß es nicht nur auf den Wahrheitsgehalt einer Äußerung eines Patienten ankommt, sondern auf das Faktum, daß er eine bestimmte Äußerung, sei sie auch noch so unzutreffend, überhaupt tut. Ich meine, daß wir es auch im Falle der Aufzeichnungen P.'s so halten sollten. Seine Niederschriften stellen keinen Tatsachenbericht dar, sondern öffnen uns den Blick in seine Welt, in seine Art die Dinge wahrzunehmen.

Daß eine derart tolerante Betrachtungsweise nicht immer leicht fällt, zumal wenn man von den P.'schen Äußerungen persönlich betroffen ist, habe ich selbst am eigenen Leibe zu Genüge erfahren müssen. P. besaß nämlich die Chuzpe, nahezu alle Zeugnisse der Psychiatrischen Universitätsklinik Münster, die er im Laufe seiner kriminellen Karriere gefälscht hatte, mit meinem Namen zu unterzeichnen und sich nicht selten bei seinen betrügerischen Telefonaten meines Namens zu bedienen, obwohl ich mit ihm – weder inner- noch außeruniversitär – je etwas zu schaffen hatte. Immerhin gibt mir dieses Vorwort Gelegenheit, diesen Sachverhalt erstmals schwarz auf weiß richtigzustellen.

Aber nicht nur aus diesem, vielleicht etwas selbstsüchtig anmutenden Grunde erscheint es mir wichtig, den geschätzten Leser darauf hinzuweisen, daß P.'s Berichte nicht für bare Münze genommen werden dürfen. Unendlich bedeutsamer ist nämlich die Tatsache, daß bereits aufgrund der Zeitungsberichte zu P.'s Prozeß sich die gegenwärtig wieder im Erstarken begriffene »Antipsychiatriebewegung« seiner bemächtigt hat und versucht, ihn zu einem ihrer neuen Säulenheiligen zu machen. Diese in den 68er Wirren entstandene, eigentlich schon totgeglaubte Bewegung, die sich auf den Triester Psychiater Franco Basaglia und den Pariser Modephilosophen Michel Foucault beruft, hat auf ihrem letzten »Antipsychiatriekongreß« in Berlin, wenn ich recht informiert bin, einen eigenen »Gert-Postel-Raum« gestaltet und wohl auch einen »Gert-Postel-Preis« ausgeschrieben, der Persönlichkeiten, die sich im »Kampf gegen die Psychiatrie« verdient gemacht haben, verliehen werden soll. Unterlagen zufolge, die bei P. gefunden wurden, war er zu diesem Treffen als »Ehrengast« eingeladen, konnte aber infolge seiner Inhaftierung zu seinem Glück nicht teilnehmen. Wenn ich sage »zu seinem Glück«, dann deshalb, weil P. nicht gefeiert und in seiner Fehlhaltung noch bestärkt werden sollte, sondern unser aller uneigennütziger Hilfe bedarf.

Abschließend ist zur Quellenlage zu berichten, daß es sich bei P.'s Manuskript um einhundertundsieben engzeilig und einseitig beschriebene Blätter handelt, die der Patient mit einer elektrischen Schreibmaschine, Marke Gabriele, selbst getippt und mit zahlreichen handschriftlichen Korrekturen versehen hat. Das Konvolut konnte bei einer Zellenkontrolle in der Leipziger Haftanstalt der Zerstörungswut des Autors entrissen und sichergestellt werden.

Es steht im übrigen zu vermuten, daß P. selbst eine Veröffentlichung plante, wohl in der Absicht, sich durch die Beschreibung der von ihm angerichteten Schäden ein Zubrot zu verdienen. Er hatte immerhin schon Deckblätter mit verschiedenen Titeln entworfen. Eine Zeitlang spielte er mit dem Gedanken, sein Buch »Der Arzt von Zschadraß« zu nennen, wohl in ironischer Anlehnung an den Bestseller »Der Arzt von Stalingrad«. Später dachte er an ernsthaftere Titel wie »Ärztliche Standeskunde« oder »Psychiatrie leicht gemacht«, ohne sich letztlich für eine Version entscheiden zu können.

Enttäuscht darüber, daß kein Verlag seine Aufzeichnungen so ohne weiteres veröffentlichen mochte, hat er sich schließlich zu ihrer Vernichtung entschlossen. Die vorliegende wissenschaftliche Ausgabe wendet sich bewußt nicht an das breite Massenpublikum, weil es Herausgeber und Verlag wichtig erschien, nicht erneut die P.'schen »Streiche« schmunzelnd zum Besten zu geben, sondern die Tragik eines Lebensentwurfs, der unbestrittenermaßen auch seine komischen Seiten aufweist, in seiner ganzen Breite zu dokumentieren. Die Publikation des Werkes ist durch einen großzügigen Druckkostenzuschuß einer namhaften deutschen Stiftung, die hier ungenannt bleiben möchte, ermöglicht worden.

Die Entscheidung, die Aufzeichnungen P.'s entgegen seinem

Wunsch doch unter dem Titel »Doktorspiele« zu veröffentlichen, hat der Herausgeber allein zu verantworten.

Meiner lieben Frau, Annette von Berg, geborene Schultz, danke ich für das Lesen der Korrekturfahnen und für die Geduld, die sie, wie stets, auch bei der Niederschrift dieses Vorworts mit mir hatte.

Münster im August 2001
Gert von Berg

Wie ich beim Aufbau Ost mithalf

Ich gestehe und bereue ganz allgemein.

Sie haben mich gefragt, ob ich mich zu der gerade verlesenen Anklage äußern will, und ich sage: Ja, ich will!

Auch Ihre Frage, ob denn alles stimme, was mir die Staatsanwaltschaft vorwirft, beantworte ich mit einem uneingeschränkten Ja!

Wenn Sie schließlich wissen wollen, ob mir die ganze Sache leid tut, so kann ich nur bekennen: Sie tut mir entsetzlich leid; ich bedauere mein Verhalten außerordentlich! Besonders schlimm ist mir, daß ich das Vertrauen der Bevölkerung in den ärztlichen Stand ganz allgemein beschädigt habe, daß ich den Psychiatern als Fachgruppe, die es sowieso mit ihrem Ansehen in der Öffentlichkeit nicht leicht hat, Schaden zugefügt habe, daß ich schließlich das im Prinzip gute und intakte Verhältnis zwischen Strafjustiz und forensischer Psychiatrie zu stören versucht habe. Nicht unerwähnt lassen möchte ich ferner, daß mir bewußt ist, daß ich den qualifizierten Fachkräften aus dem Westen, die hier im Beitrittsgebiet Tag für Tag klaglos ihren aufreibenden Dienst, häufig fern von ihren Familien, verrichten, mit meinem unverantwortlichen Verhalten ihre Arbeit, insbesondere ihr Bemühen, mit der einheimischen Bevölkerung von gleich zu gleich ins Gespräch zu kommen, nicht leichter gemacht habe.

Wenn Sie mich allerdings fragen, wie es zu all dem gekommen ist und was sich im einzelnen ereignet hat, dann muß ich doch etwas weiter ausholen. Ich möchte Sie sogar ausdrücklich darauf hinweisen, daß diese Frage zu stellen nicht ungefährlich ist, weil deren Beantwortung zu einer nicht unwesentlichen Verlängerung des Prozesses führen könnte. In Zeiten der Schnelljustiz, des abgekürzten Verfahrens, gar des Rechtspflegeentlastungsgesetzes müssen die zeitlichen Konsequenzen einer solchen Frage ernsthaft bedacht werden. Andererseits bin ich nicht so vermessen, anzunehmen, Sie wären sich über die Folgen dieser einfachen Frage nicht im klaren gewesen, und da ich keinesfalls den Eindruck erwecken will, ich hielte mit etwas hinter dem Berg, wollte mich vor irgend einer Erklärung drücken, berichte ich schlicht und in dürren Worten, wie ich die Stelle in Zschadraß erhielt und was ich dort erlebt habe.

Wie es dazu kam

Ich gehe zurück in das Jahr 1995. Ich lebte seinerzeit in Münster und studierte katholische Theologie, das Fach, wenn man einmal von dem Spezialgebiet der mittelalterlichen Zahlenmystik absieht, in dem meine angeborene Mathematikschwäche am wenigsten auffiel.

Leider war meine Zugangsberechtigung zum Hochschulstudium nicht ganz ehrlich erworben. Ich hatte nämlich einige Jahre zuvor als Ministerialrat im Kultusministerium den Vorsitzenden der Prüfungskommission angerufen und ihm nachdrücklich vermittelt, daß eine Neubewertung meiner eigentlich nicht ganz ausreichenden Examensleistungen durch das Ministerium ergeben habe, daß ich die fachgebundene Hochschulreife doch noch gerade erreicht hätte und daß mir das Abiturzeugnis, gebunden an das Fach Theologie, ausgestellt werden sollte. Einer solchen, wenngleich bloß telefonischen Intervention des Ministeriums zu widersprechen, schien dem Kommissionsvorsitzenden nicht opportun, so daß mir die begehrte Urkunde ganz offiziell ausgefertigt wurde. Sie war nicht gefälscht, beruhte jedoch auf unlauteren Machenschaften, die mich gegenüber anderen ebenso leistungsschwachen Aspiranten bevorteilte. Außerdem hatte dieses Zeugnis einen großen Nachteil: Es stammte aus Niedersachsen und berechtigte eigentlich nicht zum Theologiestudium in Nordrhein-Westfalen.

Das Immatrikulationsbüro der Universität Münster benötigte allerdings nahezu drei Jahre, während derer ich mich fleißig mit dem heiligen Augustinus beschäftigte, um das herauszufinden, und so wurde ich im ersten Halbjahr 1995 trotz eigentlich lega-

Auch der Bundesaußenminister nahm Anteil an meinem neuen Glück.

ler Einschreibung praktisch aus heiterem Himmel zwangsweise exmatrikuliert, einfach aus der Universität hinausgeworfen. Die von mir angerufenen Gerichte billigten mir keinen Vertrauensschutz zu.

Immer wenn ich beschämende Zurückweisungen erfahre, sei es von Frauen oder von Institutionen, werde ich depressiv. Gleichzeitig werden meine Racheinstinkte geweckt. Ich glaube dann, ein Recht auf Unrecht zu haben.

Mit dieser Exmatrikulation war mein langfristig angelegter Versuch, in die akademischen Sphären einigermaßen legal aufzusteigen, zunichte gemacht worden. Dabei hatte ich mich in letzter Zeit sogar mit der Führung falscher Titel vergleichsweise zurückgehalten und statt dessen eine promovierte Osthistorikerin geheiratet, mit der ich das eindrucksvolle, leicht irreführende Briefpapier mit dem Aufdruck »Dr. Gudula und Gert Postel« teilte. All diese, in meinen Augen, positiven Ansätze wurden offenbar nicht honoriert.

In meiner depressiven, racheschwangeren Stimmung begab ich mich in die Münsteraner Universitätsbibliothek. Ziellos schmökerte ich herum, als mir schließlich das Deutsche Ärzteblatt in die Hände fiel. Schon bei früheren Gelegenheiten hatte ich die antidepressive Wirkung der Lektüre dieses Journals kennen und schätzen gelernt. Mein Blick fiel auf eine Annonce des Sächsischen Sozialministeriums, in der ein Oberarzt für die Abteilung Psychiatrie und Psychotherapie des Sächsischen Krankenhauses Zschadraß gesucht wurde. Da ich mich bisher eigentlich nur unzureichend am Aufbau in den neuen Bundesländern beteiligt hatte, sieht man einmal davon ab, daß ich kurzfristig mit meiner promovierten Ostehefrau ein Plattenbauapartment in Berlin-Hohenschönhausen bewohnt und zudem einige Tage als Patient in der Charité Erfahrungen mit Ostpsychiatrie gesammelt hatte, schien mir die Offerte aus Zschadraß durchaus verlockend.

Wie Dr. Gutfreund das erste Mal getäuscht wurde

Von meinem privaten Telefonanschluß in meinem Zimmer im Studentenheim rief ich das Krankenhaus Zschadraß an und ließ mich mit dem Sekretariat von Dr. Gutfreund, dem Chef der dortigen Psychiatrie, der in der Ärzteblattanzeige genannt war, verbinden. Ich stellte mich als Prof. von Berg von der Psychiatrischen Universitätsklinik Münster vor und fragte, ob Dr. Gutfreund zu sprechen sei. Anstandslos durchgestellt, meldete sich am anderen Ende eine sonore Stimme, die sich in leicht fränkischem Akzent freundlich nach meinem Begehren erkundigte. »Herr Kollege«, sagte ich, »ich habe da in unserer Klinik einen ausnehmend tüchtigen Funktionsoberarzt, Dr. Postel mit Namen, den ich leider infolge Stelleneinsparungen nicht halten kann, was mir wirklich leid tut. Da er gerade auf sozialpsychiatrischem Gebiet recht versiert ist, wollte ich fragen, ob es Sinn macht, daß er sich auf die von Ihnen, Herr Kollege, ausgeschriebene Stelle bewirbt.«

Ich hatte schon mehrfach die Erfahrung gemacht, daß es nichts schadet, als Universitätsprofessor einen nicht habilitierten Chefarzt als Kollege anzusprechen, sozusagen ein Element der Gleichheit in ein solches Gespräch einzubringen. Obwohl es sich bei Prof. von Berg aus Münster um eine reine Phantasiefigur handelte, deren Phantomcharakter bereits ein Blick ins Münsteraner Vorlesungsverzeichnis erwiesen hätte, hegte Herr Dr. Gutfreund offenbar keinen Zweifel, mit einem wirklichen Professor zu sprechen. Die totale Unkenntnis der Verhältnisse in Münster hatte ich durchaus einkalkuliert, da in Sachsen Führungspositionen vorzugsweise mit bayerischen Importen besetzt wurden. Sobald ich bei meinem Gesprächspartner das Idiom unseres Herrn Alt-Bundespräsidenten Herzog wiedererkannte, war ich vollends beruhigt.

Dr. Gutfreund jedenfalls beeilte sich, mir zu versichern, daß er über meinen Anruf sehr dankbar sei. Das Ausschreibungsverfahren sei vollkommen offen. Ihm sei im übrigen die persönliche Empfehlung eines Kollegen oft viel hilfreicher als die doch wenig aussagekräftigen Informationen aus offiziellen Bewerbungsunterlagen. Ich erwiderte, nachdem ich »meinen« Dr. Postel noch ein wenig gelobt hatte, ich riefe im übrigen »auf eigene Kappe« an, »mein« Dr. Postel wisse gar nichts von meinem Anruf, er befinde sich nämlich mit seiner Ehefrau auf einer Fahrradtour in Bayern und sei nur über seinen Schwiegervater zu erreichen, bei dem er sich von Zeit zu Zeit melde.

Fahrradtour in Bayern, dachte ich mir, das klingt unprätentiös sportlich, genau das Richtige für einen jungen Oberarzt. Außerdem gestattete mir dieser Urlaub, etwas Zeit zwischen meinem Anruf bei Dr. Gutfreund als Prof. von Berg und meinem in Aussicht genommenen Bewerbungsanruf als Dr. Postel verstreichen zu lassen und ihm so das Wiedererkennen meiner Stimme zu erschweren.

Das Gespräch jedenfalls endete damit, daß in Zschadraß der Anruf des Bewerbers Dr. Postel dankbar erwartet wurde. Gleichzeitig war Dr. Gutfreund darüber informiert, daß Prof. von Berg beabsichtigte, in drei Stunden zu einer halbjährigen Gastprofessur in die Vereinigten Staaten (»wie ich Sie beneide«) aufzubrechen. Mich trieb nämlich die Sorge um, Dr. Gutfreund könnte sich, wenn er erst richtig für Dr. Postel Feuer gefangen hätte, bei Prof. von Berg für die freundliche Empfehlung fernmündlich bedanken wollen, eine Höflichkeitsgeste, deren fatale Konsequenzen leicht auszudenken waren.

Wenige Stunden später rief ich nach einem kurzen Dauerlauf aus einer Telefonzelle, leicht keuchend, wie man eben nach einer Fahrradetappe in Bayern klingt, als Dr. Postel bei Dr. Gutfreund an und erklärte, gerade von meinem Schwiegervater erfahren zu haben, mein Chef, Prof. von Berg habe hinterlassen, ich solle in Zschadraß anrufen, dort gebe es eventuell eine interessante berufliche Position. Genaueres wisse ich nicht, denn mein Chef sei inzwischen nach USA »abgedampft«, so daß ich mich nicht mehr durch Rückfragen weiter informieren könne. Dr. Gutfreund schilderte mir kurz die ausgeschriebene Stelle, sagte mir auch, daß von Berg mich schwer gelobt hätte, was ich bescheiden als Übertreibung abtat. Die Stelle würde mich grundsätzlich interessieren, allerdings legte ich Wert darauf, mir vor Einreichung einer Bewerbung die Klinik anzusehen. Auch würde ich gerne bei dieser Gelegenheit mich bei Herrn Dr. Gutfreund vorstellen, denn schließlich sei es ja auch wichtig, den Chef kennenzulernen, mit dem man möglicherweise später positiv zusammenarbeiten sollte. Ich sei in der nächsten Woche aus dem Urlaub zurück und würde dann gerne, auf eigene Kosten selbstverständlich, wenn es ihm recht sei, am kommenden Freitag einen Besuch in Zschadraß abstatten. Das war Herrn Dr. Gutfreund nur allzu recht. Später erfuhr ich, daß dieses Engagement sich sehr positiv auf die Entscheidung über meine Bewerbung im Ministerium ausgewirkt hatte.

Exkurs über das Telefon als Verbrechensinstrument

An dieser Stelle scheint es mir angebracht, ein paar grundsätzliche Bemerkungen zur Bedeutung des Telefons für den modernen Hochstapler anzuschließen:

Das Telefon ist, aus der Sicht des Rechtsstaats betrachtet, ein wahres Teufelszeug. Es ermöglicht einem Betrüger, unter Aufwendung weniger Groschen eine soziale Situation auf Distanz zu inszenieren, für die in früheren Zeiten eben nicht nur eine Stimme, sondern im direkten Kontakt mit dem Betrugsopfer eine elegante Kutsche, livrierte Diener und feine Kleider vonnöten waren. Heute brauche ich, um einen Universitätsprofessor mit angeschlossener Klinik darzustellen, nur noch ein

Für den modernen Hochstapler ist das Telefon die Distanzwaffe der Wahl.

Telefon und etwas soziale Intelligenz, also ein Gespür dafür, wie jemand in der Position, die er vorgibt, sprechen würde. Dabei müssen falsche Töne unbedingt vermieden, das Sachgebiet des Gesprächsthemas muß allgemein beherrscht werden. (Halbbildung reicht aus.) Der Gesprächsfluß muß ähnlich wie in der Gesprächstherapie durch affirmative, aber inhaltsleere Wiederholungen am Laufen gehalten werden. Werden ungewöhnliche Wünsche vom telefonierenden Betrüger geäußert, so muß gerade das Ungewöhnliche situativ plausibel erklärt werden.

Ich gebe dazu ein Beispiel: Vor langer Zeit verfolgte ich mit großer Unerbittlichkeit eine Bremer Staatsanwältin. Dafür bin ich zu Recht bestraft worden. Ich habe diese Tat bitter bereut. Meine Unerbittlichkeit und mein Mangel an Ritterlichkeit gegenüber dieser Staatsdienerin haben mir in der Öffentlichkeit, insbesondere bei dem SPIEGEL-Gerichtsberichterstatter Gerhard Mauz sehr geschadet. Er fand, daß ich schlicht zu weit gegangen sei und: daß meine Dauerstreiche mich vergessen ließen, daß auch hinter dem ärgsten Gegner immer noch ein Mensch steht. Wie recht er hat!

Einer dieser Dauerstreiche gegen die Bremer Staatsanwältin bestand darin, ständig falsche Meldungen über ihr berufliches Fortkommen zu lancieren. Nun stellt es keine besondere Schwierigkeit dar, in einer Bremer Lokalzeitung die Falschmeldung zum Abdruck zu bringen, die besagte Staatsanwältin sei zur Fledermausschutzbeauftragten bestellt worden.

Vor einer viel schwierigeren Aufgabe stand ich allerdings, als ich am Tage der Wahl des neuen Bremer Generalstaatsanwalts in der Neuen Juristischen Wochenschrift, der NJW, die Nachricht unterbringen wollte, meine Staatsanwältin sei in diese hohe Position gewählt worden, wovon selbstverständlich keine Rede sein konnte. Die NJW ist für Juristen mindestens das, was das Deutsche Ärzteblatt für Mediziner darstellt. Eine verehrungswürdige, autoritative, skrupulös redigierte, wöchentlich erscheinende Zeitschrift, herausgegeben von den bedeutendsten Anwälten der Republik.

Nachdem ich mich nach dem Redaktionsschluß erkundigt hatte, rief ich eine Stunde vor dessen Ablauf bei dem für Justizpersonalien zuständigen Redakteur an, stellte mich als

Richter am Oberlandesgericht Bremen –wenn ich mich recht erinnere – Dr. von Berg vor und fragte ihn, ob er mir ausnahmsweise einen großen Gefallen tun könne. Ich sei in großen Schwierigkeiten. Ich sei der für Öffentlichkeitsarbeit zuständige Richter im Präsidium des Oberlandesgerichts. Mein Präsident habe mir schon vor einigen Tagen den Auftrag erteilt, dafür Sorge zu tragen, daß in der nächsten NJW die Wahl von Frau Soundso (also meiner Feindin) zur neuen Bremer Generalstaatsanwältin berichtet werde. Ich hätte die Sache einfach verschwitzt und jetzt stünde mir, wenn der Präsident mein Versäumnis bemerke, ein gehöriger Rüffel ins Haus. Zudem sei es das erste Mal, daß eine Frau in Bremen in diese Position gewählt worden sei. Ich befürchtete, daß mir wegen einer verspäteten Berichterstattung von interessierter Juristinnenseite gewisse Absichten unterstellt würden, was ich gerne vermeiden würde. Der Redakteur bat mich, den Namen der Staatsanwältin zu buchstabieren. Selbstverständlich wolle man in einer solchen Situation unbürokratisch helfen. Ich bedankte mich, sagte noch, daß er mir eine große Last abgenommen habe, und konnte in der nächsten NJW meine eigene Falschmeldung lesen.

Ich bin auf die Täuschung dieses hilfreichen Redakteurs gewiß nicht stolz.

Mir ging es nur darum, an diesem Beispiel zu zeigen, wie man durch plausible Situationsschilderung via Telefon auch ungewöhnliche Wünsche durchsetzen und bewährte Sicherungsmechanismen umgehen kann.

Für den betrügerischen Rechtsbrecher hat das Telefon noch einen weiteren Vorteil. In der Regel lassen sich Telefonanrufe nicht so leicht zurückverfolgen. Auch die Identität des Anrufers ist in der Regel schwer festzustellen. Mißlingt ein betrügerischer Anruf, kann gleichwohl der Täter in der Regel nicht auf frischer Tat ergriffen werden, weil er sich zum Tatzeitpunkt an einem unbekannten Ort aufhält. In der Kriminalistik nennt man

Schußwaffen auch Distanzwaffen, im Gegensatz etwa zum Messerstich, wo Waffe und Opfer nahe beieinander sein müssen. Für den im wesentlichen verbal agierenden Betrüger und Hochstapler ist das Telefon die moderne Distanzwaffe der Wahl. Deshalb Teufelszeug!

Du sollst nicht falsches Zeugnis fertigen!

Aber zurück zu meiner Bewerbung: Die Woche bis zu meiner Reise nach Sachsen verbrachte ich mit der Gestaltung meiner Zeugnisse und meines Lebenslaufes, wobei mir Computer und Fotokopierer sowie einige früher ergaunerte Beglaubigungsstempel des Generalbundesanwalts beim Bundesgerichtshof, Außenstelle Berlin, Bundeszentralregister, unersetzliche Dienste leisteten. An diese Stempel zu kommen, war recht einfach: Ich rief bei einer Berliner Stempelfirma an, stellte mich als Oberstaatsanwalt Dr. von Berg vor, der beauftragt sei, die Materialverwaltung beim Bundeszentralregister neu zu organisieren. Die bisherigen Lieferanten seien zu teuer und zu schlecht. Ich wolle daher Probestempel in Auftrag geben, um später einen größeren Posten zu ordern, ob ich mit den Vorlagen gleich vorbeikommen könne (»in den Laden hier muß wieder Zug rein, da darf man sich auch nicht zu schade sein, das eine oder andere Mal etwas selber zu machen«) und wie lange die Herstellung der Probestempel dauern werde. Da mir die Fertigstellung binnen 24 Stunden zugesagt wurde und ich die Probestempel in der Hoffnung auf den Fol-

Mein Dienstsiegel konnte sich sehen lassen.

geauftrag gratis bekam, befand ich mich bald im Besitz einer Reihe ganz ausgezeichneter amtlicher Stempel.

Ich aktualisierte für den Gebrauch in Zschadraß mein Abiturszeugnis (Durchschnittsnote 2,5), mein Zeugnis über die ärztliche Prüfung (sehr gut), meine Approbationsurkunde, meine Facharztanerkennung für Psychiatrie und Neurologie, meine Berechtigungsurkunde zur Führung der Bezeichnung Psychotherapeut und meine Promotionsurkunde (summa cum laude). Als Prof. von Berg schrieb ich mir ein recht eindrucksvolles, dabei in persönlichem Ton gehaltenes Arbeitszeugnis: »... Herr Dr. Postel hat sich in den Jahren seiner Tätigkeit hier bei Kollegen wie auch bei Vorgesetzten ein hohes Maß an Achtung erworben. Für die ihm anvertrauten Patienten hat er sich immer kompromißlos eingesetzt. Er hat dies alles mit ausgeprägtem Leistungswillen, Arbeitsfreude, besonderem Organisationsgeschick und nicht zuletzt einem guten Schuß Humor getan ...« Ansonsten betonte das Zeugnis meine organisatorisch-sozialpsychiatrischen Fähigkeiten beim Aufbau der Münsteraner Tagesklinik, einer Psychiatriemode, der, wie ich aus dem Telefonat mit Dr. Gutfreund wußte, die Ärzte in Zschadraß gerade nachzurennen sich anschickten. Auf dem Zeugnis brachte ich als Durchwahlnummer von Bergs meine private Telefonnummer im Studentenwohnheim an, damit bei eventuellen Rückfragen ein kompetenter Ansprechpartner zur Verfügung stand. Schließlich verfaßte ich noch einen Lebenslauf, in dem mein Vater, der Zeit seines Lebens Mechaniker bei Daimler-Benz in Bremen war, zum Theologieprofessor mutiert und meine Mutter, eigentlich vorehelich Mannequin, später Hausfrau, zur Krankenschwester wurde. Genau die richtige Mischung aus ethischer Bescheidenheit und Helfersyndrom.

WESTFÄLISCHE WILHELMS-UNIVERSITÄT MÜNSTER

Zentrum für Nervenheilkunde - Klinik und Poliklinik für Psychiatrie

Direktor: Univ.-Prof. Dr. med. R.Tölle

Universität Münster - Zentrum für Nervenheilkunde
Horstmarer Landweg 39 - D-48129 Münster

D-48129 Münster
Horstmarer Landweg 39
Telefon Durchwahl (0251) 86-88 02
Telefax (0251) 86-
Telex 892529 unims d

Zeichen: vB/bri

Datum: 31.7.1995

Arbeitszeugnis

Herr **Dr.med. Gert Postel**, geb. am 18. Juni 1958, war in der Zeit vom 1. August 1985 bis zum 15. Februar 1995 im Zentrum für Nervenheilkunde der Medizinischen Einrichtungen der Westfälischen Wilhelms-Universität als Wissenschaftlicher Mitarbeiter tätig; er erhielt zuletzt eine Vergütung nach der Vergütungsgruppe I a BAT.

Herr Dr. Postel wurde in der Zeit vom 1. August 1985 bis zum 30. November 1992 im Rahmen der von ihm angestrebten Arztweiterbildung zum Arzt für Psychiatrie und Neurologie als Assistenzarzt auf verschiedenen psychiatrischen und neurologischen Stationen sowie in beiden Polikliniken und der Psychiatrischen Institutsambulanz eingesetzt. Herr Dr. Postel erwarb nach beendeter Arztweiterbildung die Gebietsbezeichnung "Arzt für Psychiatrie und Neurologie" am 11. Juni 1990. Am 9. September 1991 wurde ihm nach von der Klinik intensiv unterstützter, z.T. neben der Berufstätigkeit betriebener Fortbildung, die Zusatzbezeichnung "Psychotherapie" verliehen. Zum 1. Dezember 1992 wurde Herrn Dr. Postel die eigenverantwortliche oberärztliche Leitung unserer Tagesklinik übertragen. Darüberhinaus nahm er ebenso ab Dezember 1992 regelmäßig am oberärztlichen Hintergrunddienst der Klinik für Psychiatrie teil. Die förmliche Ernennung zum Oberarzt der Klinik erfolgte mit Wirkung zum 1. Januar 1993. In seiner Hand lag in den letzten beiden Jahren seiner Tätigkeit zusätzlich die eigenverantwortliche Koordination aller Schnittstellen zwischen Klinik und Klinikverwaltung. Er war ferner maßgeblich an der Installation der computergestützten Datenverarbeitung der Klinik und der insoweit notwendigen Ausbildung der Mitarbeiter beteiligt.

Bei Herrn Dr. Postel handelt es sich um einen außergewöhnlich gewissenhaften und fachlich wie menschlich gebildeten Arzt, der sich in seiner Arbeit durch ein hohes Maß an Engagement, Kenntnissen, Geschick und Einfallsreichtum hervorgetan hat. Das war nicht immer einfach, die Arbeitsbedingungen einer sich zeitweise in organisatorischem Umbruch und in Neugestaltung befindlichen Universitätsklinik erforderten ein hohes Maß an zeitlichem Einsatz, körperlicher und psychischer Stabilität, Kooperationsbereitschaft und kreativer Flexibilität.

- 2 -

- 2 -

Herr Dr. Postel hat sich in den Jahren seiner Tätigkeit hier bei Kollegen wie auch bei Vorgesetzten ein sehr hohes Maß an Achtung erworben. Für die ihm anvertrauten Patienten hat er sich immer kompromißlos eingesetzt. Er hat dies alles mit ausgeprägtem Leistungswillen, Arbeitsfreude, besonderem Organisationsgeschick und nicht zuletzt einem guten Schuß Humor getan.

Herrn Dr. Postels Selbstständigkeit und Verläßlichkeit waren ein hoher Gewinn für alle, die als Kollegen oder Vorgesetzte mit ihm zusammenarbeiteten.

Herr Dr. Postel ist für oberärztliche Tätigkeit und für selbstständige Leitungsaufgaben uneingeschränkt qualifiziert.

Nachdem Herr Dr. Postel in Berlin geheiratet hat, plante er seine Übersiedlung; die beabsichtigte und seitens der Klinik gewünschte Berufung auf eine Stelle mit dem Ziel der weiteren wissenschaftlichen Qualifizierung im Rahmen eines ordentlichen Habilitationsverfahrens scheiterte zudem leider daran, daß die uns zunächst fest zugesagte Stelle aus Rationalisierungsgründen ersatzlos gestrichen wurde.

Wir bedauern sehr, daß Herr Dr. Postel uns verläßt. Wir wünschen ihm für seine neue berufliche Tätigkeit und für seinen persönlichen Weg von Herzen alles Gute!

I.V.

Univ.-Prof. Dr. med. J. v. Berg
Ltd. Oberarzt

Wie ich meine zukünftige Wirkungsstätte das erste Mal besichtigte

Gewappnet mit diesen Unterlagen machte ich mich in einem, zum Wochenendtarif für 99 Mark bei Sixt gemieteten, »kleinen« Daimler auf den Weg nach Sachsen. Hinter der Leipziger Ebene fuhr ich durch eine hügelige Landschaft nach dem Städtchen Grimma, wo meine Ehefrau, so belog ich später Dr. Gutfreund, ein Grundstück geerbt hätte, auf dem wir gegebenenfalls bauen wollten, sofern ich die Stelle in Zschadraß bekommen und meine Frau in den sächsischen Schuldienst übernommen würde (solche seßhaft-soliden Elemente in meiner Lebensplanung konnten nichts schaden). Von Grimma waren es nur wenige Kilometer bis nach Colditz. Die dortige Festung

DIE MEDIZINISCHE HOCHSCHULE
HANNOVER

erteilt unter dem Rektorat des Professors für Nuklearmedizin und Spezielle Biophysik,
DR. MED. HEINZ HUNDESHAGEN,

Herrn

GERT POSTEL

geb. 18. Juni 1958 in Bremen

den Grad eines

DOCTOR MEDICINAE

Die Hochschule hat seine Dissertation und seine mündlichen Promotionsleistungen anerkannt.

Das Gesamtprädikat lautet:

»SUMMA CUM LAUDE«

Hannover, den 17. Dezember 1984

Der Rektor

(Prof.Dr.med.Hundeshagen)

Die Druckkosten meiner Promotionsurkunde waren nicht beträchtlich. Prof. Dr. Hundeshagen gab es wirklich. Seine Unterschrift ist jedoch falsch.

ist Schauplatz für nahezu jeden zweiten englischen Weltkriegsfilm, weil während des Krieges dort inhaftierte englische Offiziere ständig mit heldenhaften Ausbruchsversuchen beschäftigt waren. Nach dem Kriege diente die Festung als »Sammelstelle für enteignete Rittergutsbesitzer«. Daß ein so berühmtes Gefängnis derart nah an meiner zukünftigen Wirkungsstätte lag, gab mir in meiner Hochgestimmtheit damals nicht zu denken.

Zschadraß, das seit dem 13. Jahrhundert als Weiler und Herrensitz zum Burgwald Colditz gehört, erreichte ich in wenigen Minuten. Es liegt auf einer kleinen Anhöhe über Colditz und besteht im wesentlichen aus einem weitläufigen Park mit schönen alten Laubbäumen, in dem eine Vielzahl von Klinikbauten und Villen, alle im Anker-Steinbaukasten-Stil anmutig verteilt, stehen. Seit 1864 werden hier psychisch kranke Sachsen behandelt. In den zwanziger Jahren kamen noch drei Klinikbauten in Gestalt von vollkommen überdimensionierten Jugendstilferienhäusern hinzu, die als Lungenheilstätten dienten und Zschadraß so zu einer Art Leipziger Zauberberg machten.

Ich mietete mich in einem kleinen, sauberen Landgasthof ein und begab mich auf einen Spaziergang durch den Park, beflügelt von der Vorstellung, daß das bald »meine Klinik« sein würde.

Gegen 14 Uhr wurde ich zu Dr. Gutfreund vorgelassen und traf auf einen großen, schlanken Mann mit Glatze und Haarkranz, wohl Ende 40, der ruhig, bedächtig und etwas intellektuell wirkte und an einer Pfeife zog. Mein erster Gedanke war: Typus Sozialpsychiater.

Dr. Gutfreund sagte, daß von Berg ja wirklich in höchsten Tönen von mir gesprochen habe. Ich erwiderte, daß ich von der akademischen Psychiatrie in ihrer biologischen Ausrichtung eigentlich ein wenig genug hätte, daß es mich nach Basisarbeit, nach sozialpsychiatrischer Kärrnerarbeit verlangte. Ich gab mich über von Bergs Lob sogar ein wenig verwundert. Der habe sich manchmal recht kritisch darüber geäußert, daß ich mich nicht rückhaltloser der Pharmatherapie verschreiben wollte. Beiläufig erwähnte ich einen Besuch bei Basaglia in Triest und berichtete schließlich von meiner Arbeit beim Aufbau der Tagesklinik in Münster. Auch mein Interesse an der Forensik kam zwanglos zur Sprache. Dr. Gutfreund schien dies alles recht gut zu gefallen. Er gab seine Reserviertheit ein wenig auf und berichtete mir von der Einsamkeit des »Westarztes« im Beitrittsgebiet, das er als »Vietnam« bezeichnete, wo man »ständig auf Minen trete«. Seine Frau lebe im Fränkischen. Über die Wochenenden fahre er in der Regel heim.

Zum Ende dieses wirklich sehr angenehmen Gespräches, in dem wir immer mehr Übereinstimmungen in unseren Ansichten entdeckten, gab mir Dr. Gutfreund zu verstehen, daß er mich gerne als Oberarzt hätte, mir aber nichts versprechen könne, denn schließlich liege die Entscheidung beim Ministerium. Er werde sich allerdings für mich verwenden und hoffe, daß die Position zu einer BAT 1A-Stelle aufgestockt werde.

Da er während des ganzen Gesprächs kein Zeugnis hatte sehen wollen, hielt ich nun die Zeit für gekommen, ihm meine beeindruckenden Unterlagen zu überreichen. Mein Bewerbungsanschreiben war in weiser Voraussicht an das Sächsische Sozialministerium »über den Herrn Chefarzt« gerichtet, so daß Dr. Gutfreund gleich seine befürwortende Stellungnahme beifügen konnte.

Ich verließ Zschadraß in dem Gefühl, in Dr. Gutfreund einen Gönner und vielleicht sogar einen sympathischen Vorgesetzten gewonnen zu haben. Mein Gefühl trog mich nicht, denn ich erhielt schließlich im September eine Einladung zu einem Vorstellungsgespräch ins Sächsische Sozialministerium.

Wie das Ministerium den Kandidaten Postel unter die Lupe nahm

Meine Erkundigungen ergaben, daß die Herren, denen ich mich vorstellen mußte, überwiegend aus der evangelischen Kirche der DDR stammten, mit Psychiatrie mäßig vertraut waren und in erster Linie nicht von geldgierigen Westlern übers Ohr gehauen werden wollten.

Welche Kleidung paßt zu solcher Runde? Ich wählte mein dezent-protestantisches Outfit, nicht zu chic, aber auch nicht die Westherkunft verleugnend, geschmackvoll, aber keines-

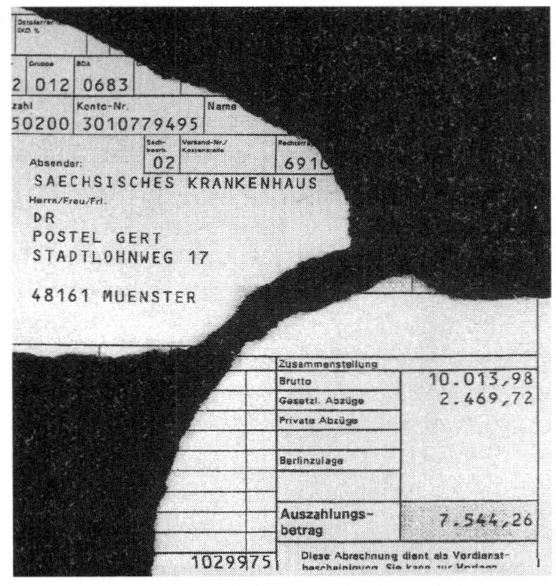

Gruppe | BDA
2 | 012 | 0683
zahl | Konto-Nr. | Name
50200 | 3010779495
Sach-bearb. | Versand-Nr./Kassenstelle
Absender: 02 | 691
SAECHSISCHES KRANKENHAUS
Herrn/Frau/Frl.
DR
POSTEL GERT
STADTLOHNWEG 17

48161 MUENSTER

Zusammenstellung	
Brutto	10.013,98
Gesetzl. Abzüge	2.469,72
Private Abzüge	
Berlinzulage	
Auszahlungsbetrag	7.544,26

1029975
Diese Abrechnung dient als Verdienst-

So bescheiden sei ich nun auch wieder nicht,
daß ich mich mit Geldabspeisen ließe.

wegs einschüchternd, leicht jugendlich, aber doch solide, also: braunes Tweedjackett mit leichtem Grünstich, kariertes Van-Laack-Hemd in Blautönen ohne Krawatte, ein offener Kragenknopf, dunkelblauer Wollpullover mit V-Ausschnitt, Hosen aus Schurwolle ohne Aufschlag, braune Schuhe mit Ledersohle, geputzt, aber nicht glänzend.

Als ich im Wartezimmer meine drei Mitbewerber musterte, konnte ich mit Befriedigung feststellen, daß ich offensichtliche Fehler wie schwarzer Anzug, seidenes Halstuch oder schreiende Krawatte, die auf einen ungezügelten Lebenswandel schließen ließen, vermieden hatte. Meine Konkurrenten wurden relativ schnell abgefertigt, während ich schließlich eineinhalb Stunden bei den hohen Herren bleiben durfte. Den Vorsitz in der Runde führte der Leiter der Personalabteilung, Blechen.

An seiner Seite saßen verschiedene Ministeriale mit so wohlklingenden Titeln wie: Leiter der Projektgruppe Sächsische Krankenhäuser, Abteilungsleiter Grundsatzfragen, Psychiatriereferent und schließlich Personalreferent. Außerdem entdeckte ich noch das sympathische Gesicht von Dr. Gutfreund, der mir gütig zunickte.

Blechen ging sofort in medias res: Ob ich eigentlich glaubte, daß mein gewünschter Eintritt in das Krankenhaus Zschadraß reibungslos vonstatten gehen würde? »Natürlich nicht«, erwiderte ich eingedenk der Erfahrung, daß Protestanten es gerne mögen, wenn man ihre Pseudoprovokationen mit Pseudoehrlichkeit pariert. »Natürlich wird es Reibungen geben, aber man wird sie positiv auflösen müssen.« Demütig fügte ich hinzu: »Es ist natürlich auch klar, daß ich als Westarzt von den Ostkollegen eine ganze Menge zu lernen habe«, und um nicht allzu anbiedernd zu wirken: »und die Ostärzte umgekehrt von mir.« Meine Synthese »Man darf solche Konflikte, Reibungen und unterschiedlichen Erfahrungshintergründe nicht unter den Teppich kehren, sondern muß positiv mit ihnen umgehen« gefiel meinen Gesprächspartnern. Obwohl ich vom evangelischen Hintergrund der Kommissionsmitglieder wußte, fand ich es nicht unpassend, sie darüber ins Bild zu setzen, daß ich mich in der katholischen Sozialarbeit erheblich engagiert hätte, ja daß ich sogar direkt nach meinem Studium einige Monate bei Mutter Teresa in Kalkutta gearbeitet hätte. Unaufdringlich ließ ich die Herren wissen, wie sehr mich dieses kirchliche Engagement auch bei meiner zukünftigen Arbeit leiten würde.

Ich konnte es mir deshalb auch leisten, auf Blechens warnende Bemerkung, bei ihnen in Sachsen würden Ost- und eben keine West-Tarife gezahlt, ausgesprochen beleidigt zu reagieren: So bescheiden sei ich nun auch wieder nicht, erklärte ich, daß man glauben dürfe, mich mit Geld abspeisen zu können. Ich hielte es eher für ungerecht, daß einige Ärzte hier in Sachsen nach Westtarifen bezahlt würden. Meine unbescheidene Bescheidenheit imponierte den Kommissionsmitgliedern, zumal der Vorsitzende Blechen schon angedeutet hatte, daß die Besoldungsfrage bei anderen Bewerbern ein Problem darstelle.

Nachdem die Geldfragen für alle Seiten befriedigend abgehandelt waren (ich gehöre sowieso nicht zu der Spezies von Betrügern, denen es primär ums Geld geht), berichtete ich noch ein wenig darüber, daß ich während meines Studiums zu Bier- und auch zu Havemann Kontakt gehabt hätte, ein Umstand, der von diesen professionellen Stasi-Hassern durchaus mit Wohlgefallen verzeichnet wurde.

Als Dr. Gutfreund spürte, wie gut sein Wunschkandidat bei den Ministerialen ankam, setzte er – unnötigerweise – noch eins drauf, indem er mich fragte, wie meine Haltung zu Hierarchien sei. Ich erwiderte brav, daß ich an Hierarchien nicht sehr interessiert sei, sondern eher daran, wie man gemeinsam Menschen helfen könne. Dr. Gutfreund wies noch darauf hin, daß ich auch psychoanalytische Ansätze vertrete, ohne jedoch dogmatisch zu sein, und daß er darin eine positive Ergänzung seines familientherapeutischen Konzepts sehe. (Man achte bitte darauf, wie balanciert man in so einem Ministerium reden muß: »auch« psychoanalytische »Ansätze«, also Methodenvielfalt sowieso, aber um das Auftauchen der möglicherweise als subversiv angesehenen Psychoanalyse noch weiter zu entschärfen, ist Dr. Postel bei seiner Anwendung der Freudschen Gedanken »nicht dogmatisch«. Und wer jetzt noch Angst hat, darf sich mit der Überlegung beruhigen, daß diese Postelschen Psychoanalyseeinsprengsel ja nur als »Ergänzung« des familientherapeutischen Konzepts des Chefs anzusehen sind und deshalb nur ein wenig Salz in der allgemeinen Therapiesuppe darstellen).

Zum Abschied riet mir Blechen, am Abend die Semper-Oper zu besuchen, ein Vorschlag, den ich einfach dankbar aufnahm. Als er mir allerdings noch einen Tip gab, wo ich gut essen gehen könnte, wußte ich, daß die Sache für mich gelaufen war.

Auf dem Parkplatz des Ministeriums sah ich noch einmal kurz Blechen, der mir huldvoll zunickte, als ich wegfuhr. Was für eine Fügung, daß ich diesmal mit einem älteren Golf von Münster angereist war und nicht wieder in einem Sixt-Mercedes, denn dieses nicht mehr ganz neue, unprotzige und doch solide Auto paßte natürlich viel besser ins Bild des kirchlich engagierten Arztes, den das Ministerium eigentlich suchte.

Wie ich mich hinsichtlich meiner Vorstrafen beruhigte

Eines an meinem Vorstellungserfolg, den mir Dr. Gutfreund einige Tage später noch telefonisch bestätigte, beunruhigte mich allerdings stark: Würde das Ministerium direkt eine Bundeszentralregisteranfrage vornehmen oder ein polizeiliches Führungszeugnis einholen? Da diese Sorge mich nicht mehr losließ, rief ich schließlich, mich als Verwaltungsrichter – ich glaube – Dr. von Berg aus Leipzig ausgebend, in der Personalstelle des Ministeriums an, wo ich mich mit einem Personalsachbearbeiter verbinden ließ. Ich säße gerade über einem Fall, in dem die Verwaltungspraxis des Ministeriums, nämlich ob bei Neueinstellungen nach eventuellen Vorstrafen geforscht werde, entscheidungserheblich sei. Der Sachbearbeiter erklärte mit einer mich vollkommen beruhigenden Bestimmtheit, daß das Ministerium außer einer Anfrage bei der Gauck-Behörde keine weiteren Auskünfte einhole. Ich bedankte mich sehr. Bei Gauck lag selbstverständlich nichts gegen mich vor. Von meinem Standpunkt aus war gegen den Grundsatz der Sächsischen Regierung, lieber einen unqualifizierten Betrüger als einen qualifizierten Stasimann einzustellen, nichts einzuwenden. Das Primat der Ideologie feierte hier mit umgekehrten Vorzeichen fröhliche Urständ, so daß ich am 15. November 1995 meine Stelle antreten konnte und bereits gegen 9.00 Uhr von Dr. Gutfreund in meine neuen Aufgabengebiete eingewiesen wurde, nachdem er mir zuvor die Ernennungsurkunde überreicht hatte.

Warum es mir so schwer fällt, über meine Tätigkeit in Zschadraß zu berichten

Eineinhalb Jahre nach dieser Zeremonie wurde ich enttarnt und trat, noch bevor es zu einer Aussprache in Anwesenheit von Ministeriumsvertretern kam, weil ich mich indisponiert fühlte, einen Erholungsurlaub an. Einige behaupten, ich sei durch Flucht einer Verhaftung zuvorgekommen. Tatsächlich schreckte mich jedoch weniger die Polizei als die Häme meiner Kollegen und Untergebenen. Dieser Erniedrigung wollte ich mich nicht aussetzen. Gleichwohl mag ich nicht bestreiten, daß es sich um unbezahlten Erholungsurlaub handelte und daß ich während dieser Urlaubszeit jeden offiziellen und persönlichen Kontakt mit der Polizei vermieden habe. Richtig ist ferner, daß ich während dieser Zeit durchweg inkognito reiste und beim Anmieten von Hotelzimmern oder Apartments davon absah, meinen wahren Namen zu verwenden.

Nun werden Sie fragen, weshalb ich diesen Zeitsprung mache und nicht einfach chronologisch berichte, wie es mir in Zschadraß in den anderthalb Jahren meiner Tätigkeit als Oberarzt ergangen ist. Der Grund ist der, daß Inhalt und Bewertung meiner Tätigkeit dort höchst umstritten sind. Und schließlich will man juristisch nichts falsch machen. Immerhin ist zu bedenken, daß auch ein großzügiger Verleger sich nur ungern vor Gericht ziehen läßt.

Die Klinikleitung und wohl auch das Ministerium möchten den allgemeinen Rufschaden so klein wie möglich halten. Es gab eine Zeitlang Versuche zu behaupten, ich sei lediglich im organisatorischen Bereich tätig gewesen und zudem überwiegend im Maßregelvollzug, hätte also eigentlich fast nur mit psychisch kranken Straftätern zu tun gehabt, wobei dieser Entlastungsschiene wohl die Annahme zugrunde liegt, daß es sich dabei um eine Art minderen Patientenguts handele und deshalb der Unmut der Öffentlichkeit sich in Grenzen halten werde. Immerhin werden ja auch im Gefängnis Straftäter im wesentlichen von ihresgleichen erzogen.

Später ließ sich dann nicht mehr bestreiten, daß ich auch für eine allgemein- und eine gerontopsychiatrische Station zuständig war. Es ergab sich im Laufe der Ermittlungen auch, daß ich bei der internen Leistungsbeurteilung durchweg hervorragend bewertet worden war. Meine Klinikkollegen und meine untergebenen Ärzte befleißigten sich dennoch nach meiner Enttarnung zu sagen, daß ihnen immer schon aufgefallen sei, daß ich nur über rudimentäre psychiatrische und psychotherapeutische Kenntnisse verfügt hätte. Manche beklagten sich über mein herrisches Auftreten, andere betonten, daß ich immer sehr geschickt vorgegangen sei, die zuständigen Stationsärzte bei jeder Entscheidung um ihre ärztliche Meinung gefragt hätte, nie selbst gespritzt hätte und im übrigen nur einen zaghaften, aber gescheiterten Versuch gemacht hätte, eine Patientin zu therapieren. Wieder ein anderer Kollege berichtete belustigt, daß ihm meine fehlende Qualifikation aufgefallen sei, als ein psychotischer Patient versucht habe, mich körperlich anzugreifen, und ich ängstlich reagiert hätte. Ich will überhaupt nicht bezweifeln, daß alle diese Aussagen von dem Bemühen um Wahrheit getragen sind. Ferner glaube ich auch, daß alles, was Leitung und Kollegen sagen, letztendlich für meine Verteidigung nicht ungünstig ist.

Wie ich mir zu meiner Verteidigung gemeine Lügen zurechtlegte

Eine Zeitlang hatte ich mit dem Gedanken gespielt, mich mit phantastischen Geschichten, also mit Lügen zu verteidigen. Um ihnen die ganze Gemeinheit und Abscheulichkeit zu offenbaren, will ich Ihnen einige dieser Fabrikationen zum besten geben, die mit der Realität selbstverständlich nicht das Geringste zu tun haben:

Mein Plan war, zu behaupten, ich sei zwar kein echter Arzt gewesen, aber in dem Lotterladen, der Zschadraß bei meinem Eintritt war, hätte das überhaupt keine Rolle gespielt. Zwar seien dort eine Reihe von Kollegen mit formal gültigen Berufsabschlüssen tätig gewesen, aber diese seien teilweise derart unqualifiziert gewesen, daß es gerade mein Verdienst ausgemacht habe, die schlimmsten organisatorischen und medizinischen Mißstände abgestellt zu haben.

Eine Phantasiefigur: Dr. Olivarez

Um diese These plausibel zu machen, hatte ich mir ausgedacht, ich hätte in einer meiner Stationen einen 63-jährigen Assistenzarzt gehabt, der aus Brasilien stammte und Dr. Olivarez geheißen habe. Olivarez behauptete, er habe sich in seiner Heimat habilitiert und sei vor seinem Umzug nach Zschadraß Leiter eines gigantischen psychiatrischen Hospitals mitten im Urwald gewesen. Nahezu dreihundert Ärzte hätten unter ihm gearbeitet. Eine seiner ständigen Redensarten war, »in meinem Urwaldhospital sind 50 % der Patienten geheilt worden, 50 % – na ja«. Olivarez war ein absoluter Exot. Unter dem Arztkittel trug er stets nur ein Unterhemd. Seine Hose wies infolge einer leichten Inkontinenz ständig Harnflecken auf. Er war unsauber und extrem sparsam. Er hatte die Angewohnheit, sich vornehmlich aus Konservenbüchsen zu ernähren, wobei er die Nahrung meist mit der bloßen Hand zum Munde führte, da er den Gebrauch von Löffel und Gabel für überflüssig hielt. Tauchte er irgendwo in der Klinik auf, schloß man alle herumstehenden Eßwaren schleunigst weg, da er die Gewohnheit hatte, alles Eßbare sofort zu vertilgen. Es war deshalb auch kein Wunder, daß Olivarez' Körperumfang beachtliche Ausmaße angenommen hatte. Dabei war er aber, entsprechend seinem südamerikanischen Temperament, ungeheuer freundlich, manchmal sogar herzlich.

Da er schlecht deutsch sprach, war die Verständigung mit den Patienten eher schwierig. Auch das Abfassen der Arztbriefe war ihm nur mit erheblichem Aufwand möglich. Zum Ausgleich für seine mangelnde Diktatsicherheit begann er deshalb ein Verhältnis mit einer Sekretärin, die ihm als Dank für seine Liebesdienste wunderbare Arztbriefe erfand. Die einzige Vorgabe, die er erbringen mußte, waren der Name des Patienten, das Aufnahmedatum, das Entlassungsdatum und die Diagnose. Alles andere oblag der Phantasie der Geliebten.

Olivarez entwickelte im übrigen eine Theorie, die die Vielfalt klinischer Zustandsbilder drastisch und mit arbeitssparendem Effekt reduzierte. Er war nämlich der Auffassung, daß Depressionen in Wirklichkeit Schizophrenien seien. Aus seinem Urwaldhospital kannte er an Psychopharmaka lediglich Haldol, von dem er großzügig Gebrauch machte. Wegen seiner Einheitsdiagnose verabreichte er dieses Mittel nahezu allen seinen Patienten, und zwar in Form von Depots, damit alle Beteiligten ein wenig ihre Ruhe hatten. Seine Spezialität war es, Patienten durch die Pyjamahose bzw. durchs Nachthemd zu spritzen. Öfters, so phantasierte ich, hörte ich ihn sagen, »laß Hose an«, und schon sei die Kanüle im Oberschenkel gewesen. Ich mußte als Oberarzt von dieser unhygienischen Spritzpraxis des Dr. Olivarez dem Klinikchef berichten, der selbstverständlich wegen der damit verbundenen Infektionsgefahr über die Handlungsweise des Dr. Olivarez empört war. Somit ist durch meine Intervention diese unfachmännische Handhabung zum Wohle der mir anvertrauten Patienten unterbunden worden.

Olivarez, so phantasierte ich weiter, war ein äußerst ökonomischer Arbeiter. Er hatte die Angewohnheit, um Punkt vier Uhr nachmittags den Griffel fallen zu lassen. Wenn sich irgendein Vorfall gerade bei Dienstende ereignete, sagte er einfach: »Schwester, rufen Sie Bereitschaftsarzt an«, und verließ die Station.

Wegen seiner mangelhaften Deutschkenntnisse hatte Dr. Olivarez zudem einige arbeitsökonomische Schutzmechanismen entwickelt: Wenn die Polizei oder niedergelassene Ärzte anriefen, konnte er oft dem Gespräch sprachlich nicht folgen. Nicht selten legte er in solchen Situationen deshalb einfach den Hörer auf.

Wenn er Nachtdienst hatte, gab es bei ihm nie Neuzugänge, weil er stets erklärte, die Klinik sei überbelegt.

Für die Ergebnisse von Zusatzuntersuchungen, die einer seiner Vorgesetzten in Auftrag gegeben hatte, konnte er schlicht kein Interesse aufbringen. Beispielsweise wurde bei der Chefarztvisite die Fertigung eines CT angeordnet. Wenn dann der Ergebnisausdruck ihm vorgelegt wurde, heftete er ihn, ohne ihn eines Blickes zu würdigen, in der Patientenakte ab.

Selbst so einfache Grundsätze, wie der, daß bei Fixierungen (so bezeichnet man in der Medizinersprache das Festbinden von kranken Menschen), die er aus Gründen allgemeiner Arbeitsersparnis gerne anordnete, wenigstens eine Embolieprophylaxe vorgenommen werden muß, waren ihm unbekannt.

Einmal geriet ich mit Dr. Olivarez heftig aneinander, weil er nämlich das von mir bei der Oberarztvisite angeordnete chirurgische Consilium für eine Patientin, die über schwere Magenschmerzen klagte, nicht durchgeführt hatte. Meine Kritik beantwortete er mit einem gespielten Herzanfall. Er ließ sich auf ein leerstehendes Krankenbett fallen und griff sich dramatisch an die Brust. Als ich keine Anstalten machte, ihm beizustehen, stand er einfach wieder auf und sagte flehend zu mir: »Dr. Postel, tun Sie mir so etwas nie wieder an.«

Ansonsten, so spann ich meine Geschichte weiter, kam ich gut mit ihm aus, weil er ein lustiger Kerl war und im übrigen nicht, so wie andere, zu Intrigen neigte. Auch bei Dr. Gutfreund hatte er einen Stein im Brett, weil er für Hausfrauen aus der Leipziger Neobourgeoisie Kurse in Voodoo-Medizin abhielt, wovon Dr. Gutfreund sich eine höhere Akzeptanz seiner Klinik versprach.

Gemein, wie ich bin, dachte ich mir auch noch aus, Dr. Gutfreund sei Dr. Olivarez irgendwie verpflichtet, weil dieser ihm die Habilitation an einer brasilianischen Urwalduniversität angeboten hatte und auch, für ihn die dazu notwendige Arbeit auf portugiesisch zu verfassen. Es versteht sich von selbst, daß daran kein wahres Wort ist.

Weitere Gemeinheiten über Zschadraß aus dem Arsenal meiner kranken Phantasie

Ich weiß auch wirklich nicht, welcher Teufel mich geritten hat, mir Geschichten auszudenken, in denen das herzliche Verhältnis zwischen West- und Ostmitarbeitern an der Zschadrasser Klinik in den Schmutz gezogen und gleichzeitig die große integrative Kraft meines Chefs bösartig in ihr Gegenteil verkehrt wurde.

Wahr ist aber dennoch, daß ich phantasierte, ich hätte einmal mit Dr. Gutfreund um eine Flasche Champagner gewettet, daß es mir gelingen würde, einen besonders unqualifizierten Ost-Mitarbeiter loszuwerden, eine Aufgabe, an der Dr. Gutfreund sich bis dahin die Zähne ausgebissen habe. Meine Phantasie reichte sogar so weit, mir vorzustellen, ich hätte diese Wette gewonnen, indem ich diesen Untergebenen nicht nur vor versammelter Mitarbeiterschar bei der Oberarztvisite demütigte, sondern ihn darüber hinaus durch Abmahnungen und durch die Auflage täglich zu schreibender Berichte derart entnervte, daß er schließlich das Handtuch warf.

Wahnhaft und großsprecherisch, wie ich nun einmal bin, reimte ich mir auch für die gerontopsychiatrische Station Geschichten zusammen, die mein Wirken in Zschadraß in ein positives Licht tauchen und gleichzeitig in einer für mich vorteilhaften Weise erklären sollten, weshalb so viele Ostuntergebene mich nicht gut leiden konnten. Zu diesem Zweck wollte ich behaupten, daß die Alten zwar saubergehalten, aber im wesentlichen durch Gaben von Psychopharmaka ruhiggestellt worden seien. Ich dagegen hätte weniger Ruhigstellungen und überhaupt mehr Aktivitäten mit den Patienten angeordnet. Manche Patienten hätten es sogar mir zu verdanken, daß ihnen Einzelbetreuungen zuteil geworden seien. Das hätte natürlich pflegerischen Mehraufwand bedeutet, ein Umstand, der mich bei dem betroffenen Pflegepersonal nicht gerade beliebt gemacht habe.

Zu den Tagträumen von zwanghaften Besserwissern, wie ich einer bin, gehören natürlich auch Geschichten nach dem Motto, »hätte man nur auf mich gehört«. Eine Kostprobe meiner lügenhaften Einbildung: Ein Assistenzarzt hätte mich um Zustimmung gebeten, eine Patientin, die vor einiger Zeit wegen eines Suizidversuches aufgenommen worden sei, für einen Tag zur Erledigung persönlicher Angelegenheiten zu beurlauben. Ich hätte sie ihm verweigert, weil mir die Frau noch zu suizidal erschienen sei. Der Assistenzarzt sei aber unbotsam gewesen und hätte die Patientin trotz meiner fehlenden Zustimmung für einen Tag aus der Klinik entlassen, mit der Folge, daß sie sich wenige Stunden später in Freiheit aus einem Fenster gestürzt und sich dabei so beträchtliche Kopfverletzungen zugezogen hätte, daß sie fast skalpiert in das nächstgelegene Unfallkrankenhaus hätte eingeliefert werden müssen.

Schließlich der Maßregelvollzug, also die untergebrachten psychisch kranken Straftäter. Was wäre hier die passende Schwindelei? Mir fiel dazu eigentlich nichts ein, außer der Behauptung, ich hätte mit der Übernahme der Verantwortung für diesen Bereich die bis dahin zu liberal gehandhabte Urlaubsregelung, bei der zu viele neue Straftaten passierten, restriktiver zu fassen versucht, also im Sinne erhöhten Sicherheitsdenkens die Zügel angezogen. So etwas klingt immer gut. Ich hätte sogar in Kauf genommen, mich mit dieser Maßnahme bei den Insassen unbeliebt zu machen.

Was ich wirklich in Zschadraß tat

Nachdem ich sie jetzt so lange mit meinen Entlastungsphantasien und Schutzbehauptungen gelangweilt habe, werden Sie fragen, was ich denn dann in den eineinhalb Jahren Zschadraß an dieser Klinik wirklich geleistet habe. Meine Antwort ist: Ich habe wenig geleistet, habe meine Macht mit all ihren Insignien genossen, habe Fehler zu vermeiden gesucht, habe kleine Leute kujoniert, intrigiert, mit Herrn Dr. Gutfreund schöne Gespräche geführt und eben den Oberarzt gespielt. Da ich kaum empathiefähig bin und mir therapeutische Tätigkeit folglich nicht zusagt, weil man sich dabei selber einbringen muß, was bei einem Gratwandler wie mir ganz schön gefährlich werden kann, habe ich mich mit Patienten eigentlich wenig beschäftigt. Mich interessierte vor allem der Macht- und Herrschaftsaspekt an meiner Position.

Wie stark dieses Interesse war, mögen Sie daran ersehen, daß ich während der Zeit in Zschadraß – mit wenigen Ausnahmen – absolut klösterlich gelebt habe, obwohl ich ansonsten ein einigermaßen gesundes Geschlechtsleben führe. Mein Zölibat in Zschadraß ist ein Indikator dafür, daß mir die Existenz als Oberarzt in dieser Klinik als Befriedigung jedweder Triebe vollkommen ausreichte.

Ich bewohnte in der Klinik ein bescheidenes Arztzimmer, in dem ich mir Frühstück und Abendessen selbst zubereitete. Nachdem ich morgens meine Morgentoilette absolviert hatte, warf ich meinen Oberarztkittel über, schlenderte durch einige Abteilungen, beobachtete die hastig aufgenommenen Aktivitäten des Pflegepersonals, wurde gegrüßt, grüßte leutselig zurück und erreichte schließlich den Klinikkiosk, wo eine eigens zurückgelegte FAZ auf mich wartete, trat den Rückweg an und ließ mich bei einer Tasse Tee in einem Sessel meines Zimmers nieder, um mein Leib- und Magenblatt ausgiebig zu studieren, selbstverständlich im weißen Kittel. Hatte ich die Zeitung durch, schloß sich manchmal noch eine halbe Stunde Schopenhauer-Lektüre an, bis ich dann zur Oberarztvisite antreten durfte. Ich sage bewußt »durfte«, denn der Dienst in Zschadraß war für mich ein Vergnügen, die damit verbundene Ausübung von Herrschaft ein Genuß.

Allerdings besitze ich nicht einen so unangenehmen Charakter, daß sich für mich das Befriedigende am Oberarztsein im Schikanieren von Untergebenen erschöpfte. Nein, was mir den Aufenthalt in Zschadraß so lebenswert erscheinen ließ, waren die von Hierarchien unbeschwerten Gespräche, die ich fast täglich, meist nach getaner Arbeit ab 6 Uhr abends mit Dr. Gutfreund führen durfte. Dieser gütige und verständnisvolle Mann unterhielt sich einfach gerne mit mir, und zwar durchaus nicht nur über Fachliches. Das Gefühl, von Dr. Gutfreund akzeptiert zu werden, war Balsam für meine Seele. Er vermittelte mir sogar den Eindruck, daß ich ihm als Stütze bei der täglichen Arbeit ebenso wie als intellektueller Diskussionspartner etwas bedeutete. Um so mehr schmerzt es mich heute, daß diese für mich so wertvolle Beziehung von Anfang an durch eine Täuschung quasi vergiftet war.

Um ein Haar hätte übrigens der Umstand, daß ich Ostern 1996 zufällig das Richtige tat und dies auch noch gut verkaufte, zu einer Trennung von Dr. Gutfreund geführt. Und das kam so:

Mein Chef, Dr. Gutfreund, hatte bereits am Gründonnerstag 1996 seinen wohlverdienten Osterurlaub angetreten und war zu seiner Familie ins heimische Franken gereist. Ich, sein Oberarzt, war in Zschadraß zurückgeblieben und trug nun während des Auferstehungsfestes die alleinige Verantwortung – auch für den Maßregelvollzug, also jenen Teil der psychiatrischen Klinik, in dem psychisch kranke Straftäter untergebracht waren. Von dort wurde mir hintertragen, daß einige Insassen planten, in der Zeit zwischen dem höchsten protestantischen Feiertag – Karfreitag – und dem höchsten katholischen – Ostersonntag – gemeinsam auszubrechen. Nicht auszudenken, was einige Triebtäter im Verein mit schizophrenen Mördern außerhalb der Anstalt für ein Unheil hätten anrichten können. Schnelles und entschlossenes Handeln tat not. Ich beschloß, die Verschwörung zu zerschlagen, die Anführer zu trennen und zu isolieren. Meine Freunde vom Landeskriminalamt schickten mir, nachdem ich das Justiz- und das Sozialministerium per Telefax auf die Gefahrenlage hingewiesen hatte, ein Sondereinsatzkommando, das die verdatterten Konspirateure handstreichartig in Gewahrsam nahm und auf andere, sicherere Anstalten des Freistaates Sachsen verteilte. Als meine Förderer aus dem Sozialministerium am Dienstag nach Ostern ihren Dienst wieder antraten, lag ihnen bereits mein Bericht vor, in dem ich sachlich, aber nicht ohne Sinn für Dramatik schilderte, wie ich während der Feiertage dieser furchtbaren Gefahr für Sachsen begegnet war.

Nun muß man wissen, daß es für die politisch Verantwortlichen nichts Unangenehmeres gibt, als wenn verrückte Kriminelle unerlaubt eine Anstalt verlassen und die Bevölkerung, darob in Angst und Schrecken versetzt, nach einem Schuldigen sucht. Es gehört also wenig Phantasie dazu sich vorzustellen, welch wohliger Schauer meine Ministerialen bei dem Gedanken überkam, durch mich von einem Unheil bewahrt worden zu sein, das leicht ohne die Wachsamkeit dieses wunderbar tatkräftigen Oberarztes zu fürchterlichen Zornesausbrüchen ihres gottähnlichen Ministers geführt hätte. »Solche Männer braucht das Land«, werden einige Herren im Ministerium gedacht haben, denn anders läßt sich nicht erklären, was mir einige Tage später von dort widerfuhr:

Wie das Ministerium mich um ein Haar zu einer weiteren Betrugstat verleitete

Drei Tage nach Ostern wurde ich zu einer »Nachbesprechung« ins Ministerium bestellt, der ich nichtsahnend Folge leistete. Ich vermutete, daß man anhand der Osterereignisse noch einmal über Sicherheitsfragen im Maßregelvollzug sprechen wollte. Im Ministerium waren meine österlichen Heldentaten jedoch nur noch ein Nebenthema.

Der zuständige Referent schlug mir nämlich überraschend vor, die Nachfolge von Prof. Dr. K. als Chefarzt in Arnsdorff anzutreten. Ich war vollkommen sprachlos, suchte nach Worten. Allein der Gedanke, Nachfolger von Prof. Dr. K., dem einzigen, ungebrochenen Schüler des großen Rasch, zu werden, erschütterte mich. Einen Moment überlegte ich, ob die Ministerialen vielleicht inzwischen meinen wahren Bildungsgang herausbekommen hatten und mich einfach noch einmal richtig foppen wollten, bevor sie mich dem Staatsanwalt übergaben.

Aber mir blieb keine Zeit, solchen Gedanken nachzuhängen, denn der Referent schaute auf seine Uhr und sagte, daß wir uns jetzt in den Besprechungsraum begeben müßten. Halb bewußtlos trottete ich hinter ihm her, ich, der Betrüger, der Täuscher, der Einfädler, unwillkürlich ein hilfloses Objekt der Machenschaften der Ministerialbürokratie.

Im Besprechungsraum hatte sich alles, was im Ministerium auf diesem Sektor Rang und Namen hat, versammelt, sieht man einmal vom Staatssekretär und vom Minister ab. Die Herren trugen keine abweisend feindlichen Mienen. Nein, sie begrüßten mich freundlich, fast kollegial. Landau, einer der wichtigsten Leute im Ministerium, redete sofort auf mich ein, ich solle die Stelle in Arnsdorff übernehmen. Meine Einwendungen, daß ich doch gerade eben mal meine Probezeit in Zschadraß absolviert hätte und daß meine forensischen Erfahrungen, die man für Arnsdorff als Unterbringungskrankenhaus ja wirklich brauche, ziemlich begrenzt seien, wischte Landau mit dem Hinweis beiseite, Dr. Gutfreund habe mir doch gerade eine ganz hervorragende Zwischenbeurteilung erteilt.

Damit hatte er natürlich nicht ganz unrecht. Gutfreund hatte mir ein derart schmeichelhaftes Zeugnis für meine Personalakte ausgestellt, daß die Staatsanwaltschaft nach meiner Entdeckung einige Schwierigkeiten hatte, sich eine Kopie dieses Zeugnisses für ihre Ermittlungsunterlagen zu beschaffen. Dermaßen peinliche Dokumente gibt schließlich niemand gerne aus der Hand.

Da Landau mich wegen der Übernahme der Arnsdorffer Stelle regelrecht bekniete, erwachte meine alte Frechheit, und ich sagte, daß ich dann schon fast lieber ins Ministerium gehen würde. Landau, der gewiefte bürokratische Fuchs, parierte meine Unbescheidenheit geschmeidig: »Wissen Sie, Dr. Postel, eigentlich hatten wir uns Arnsdorff als eine Vorstufe für eine Referentenstelle im Ministerium gedacht. Wenn Sie sich dort bewähren, dann ist ein späteres Überwechseln ins Ministerium die natürliche Folge.«

Es gab zwar in der Runde auch ein paar Teilnehmer, die mir kritische Fragen stellten, aber die maßgeblichen Leute waren derart auf mich fixiert, daß ich schließlich einwilligte, mich für die Stelle zu bewerben. Solche Stellen werden nämlich formal ausgeschrieben, selbst wenn im Ministerium die Besetzung faktisch bereits entschieden ist. Ich verließ die illustre Runde in dem Wissen, daß mein alter Freund und Förderer Blechen eine Ministervorlage zu meinen Gunsten schreiben würde.

Zwar fürchtete ich anfangs, in der exponierten Stellung eines Chefarztes könnte ich leichter als Betrüger entlarvt werden, weil es dann schwierig werden würde, meine Untergebenen bei heiklen medizinischen Entscheidungen um Rat zu fragen, wie ich es gegenwärtig zu meiner eigenen Absicherung in Zschadraß tat. So ein Chefarzt muß schließlich, auch wenn er sich demokratisch gibt, in entscheidenden Situationen Führungsqualitäten zeigen. Dann aber gewann bei mir der lächerliche Gedanke die Oberhand, eine so hohe Stellung bedeute auch für einen Betrüger mehr Sicherheit. Wenn ich als Kandidat des Ministeriums auf diesen Posten gehievt würde, müßte das Ministerium beinahe zwangsläufig Kritik gegen meine Person und meine Amtsführung energisch unterdrücken. Ich ging sogar so weit zu glauben, daß das Ministerium es sich nach meiner Berufung als Chefarzt gar nicht mehr leisten könne, selbst bei Vorliegen entsprechenden Beweismaterials, meine Entlarvung als Hochstapler zuzulassen.

Wie ich mich der CDU näherte

Angesichts der Fülle von Wohlwollen, das mir aus dem Ministerium entgegengebracht wurde, schien es mir angebracht, mich meinerseits erkenntlich zu zeigen, und so beschloß ich, in die CDU einzutreten. Wer in Sachsen etwas werden wollte, ging zu den Christdemokraten. Daß es schon für einen Oberarzt von Vorteil sei, dieser sächsischen Staatspartei beizutreten, hatte mir bereits die Verwaltungsleiterin der Zschadraßer Kliniken bedeutet. Und da ich wenig davon halte, Dankbarkeit einfach im stillen zu bezeugen, rief ich wenige Tage nach meiner Bewerbung für Arnsdorff morgens gegen 6.30 bei Ministerialrat Blechen im Ministerium an und fragte, ob er persönlich bereit sei, mir die nach der Satzung erforderliche Empfehlung eines anderen Mitgliedes für die Aufnahme in die CDU zu geben. »Selbstverständlich bin ich Ihr Bürge«, sagte Blechen. Mein Entschluß käme im übrigen für ihn nicht »überraschend«, er habe fast damit »gerechnet«, habe jedenfalls schon seit einiger Zeit »gehofft«, daß ich Mitglied würde. Daß ich Blechen zu so früher Morgenstunde anrief, lag im übrigen daran, daß ich von seiner Assistentin erfahren hatte, daß ihr Chef bereits um 6.00 Uhr seinen Dienst im Ministerium beginne und es gerne sähe, wenn Mitarbeiter aus seinem Zuständigkeitsbereich ebenso früh sich der Belange des Freistaats annähmen.

Audienz beim Minister

Als ich zehn Tage später gegen 18 Uhr zur Audienz beim Minister geladen war, wußte dank meines »Bürgen« bereits jeder im Ministerium, daß Dr. Postel Mitglied des CDU-Ortsverbandes Colditz und des Kreisverbandes Grimma werden wollte.

Den Minister, dem ich gleich gegenübertreten sollte, kannte ich nur aus der Art und Weise, wie seine Untergebenen über ihn sprachen. Danach schien er mir ein gottähnliches Wesen zu sein, dessen Zorn man fürchten und dessen Zuneigung man sich unbedingt erhalten mußte. Als dann ein freundlicher Herr auf mich zukam und ganz nonchalant zu mir sagte, »Guten Tag, Herr Postel, ich bin gleich wieder da, ich muß nur noch schnell zur Toilette gehen«, war ich ganz erleichtert. Der Mann stand offenbar mitten im Leben, hatte menschliche Bedürfnisse und redete sogar darüber.

Das Gespräch mit mir bestritt der Minister, obwohl es anderthalb Stunden dauerte, im wesentlichen allein. Er stellte mir seine Ideen zur Enthospitalisierung vor, denen ich zustimmte, was er offenbar gewohnt war. Dann ging er dazu über, ziemlich pointenlose Geschichten zu erzählen. Eine von ihnen ging so: Aus der Unterbringungsanstalt in Arnsdorff ist einmal ein Kinderschänder ausgebrochen. Da ich dort in der Gegend wohne, bin ich mit meinem Privatauto zur Anstalt gefahren und habe gesagt, ich bin der Minister, ich will mir jetzt mal die örtlichen Gegebenheiten anschauen, wie dieser Kinderschänder hier ausgebrochen ist. Da haben die an der Anstaltspforte zu mir gesagt: ›Ich bin der Minister‹ kann doch jeder sagen.« Sie haben mich nicht reingelassen.

Über diese Geschichte, die wahrscheinlich nur komisch ist, wenn man seine gottähnliche Stellung in Rechnung stellt, mußte der Minister ganz herzlich lachen. Ich stimmte heftig in sein Lachen ein, nicht aus Höflichkeit, sondern weil ich es saukomisch fand, daß der Minister solche Geschichten erzählte.

Plötzlich guckte der Minister auf seine Uhr und sagte, er müsse zu seinem nächsten Termin aufbrechen.

Blechen berichtete mir im nachhinein, der Minister sei von dem Gespräch mit mir sehr angetan gewesen. Ich sei insbesondere der erste Chefarztkandidat gewesen, der ihm keine Gehaltsdiskussion aufgedrängt habe.

Wie das Kabinett des Freistaats mich beförderte und wie ich trotzdem den Beleidigten spielte

Das Ministerium erstellte nunmehr eine Kabinettsvorlage. Nachdem der Hauptpersonalrat sein Plazet erteilt hatte, stimmte das Kabinett des Freistaates Sachsen meiner Ernennung zum Chefarzt der Forensik in Arnsdorff zu.

Es versteht sich von selbst, daß zu Stasizeiten ein solches Stellenbesetzungsverfahren vollkommen ausgeschlossen gewesen wäre. Die Politikberatung, die die Stasi gerade bei wichtigen Personalentscheidungen leistete, war eben doch viel gründlicher angelegt, als es im demokratischen Freistaat Sachsen offenbar möglich war. Andererseits wäre ich im Falle meiner Entlarvung zu Stasizeiten eher Opfer eines »Autounfalls« geworden als in Untersuchungshaft gekommen. So birgt die »offene Gesellschaft« für jemanden wie mich insgesamt doch gewaltige Vorteile.

Wenige Wochen vor meinem Dienstantritt in Arnsdorff erfuhr ich aus dem Ministerium, daß der Ärztliche Leiter der Gesamtklinik Arnsdorff, Dr. Scharpsinn, zwei Assistentenstellen in meiner zukünftigen Abteilung besetzen wollte, ohne sich mit mir zu konsultieren. Ich bat die amtierende Chefärztin, mit diesen Stellenbesetzungen bis zu meiner Ankunft zu warten. Dr. Scharpsinn erfuhr davon und kanzelte mich telefonisch in harschem Tone ab. Er lasse sich von niemandem seine Klinik kaputt machen etc. Dr. Scharpsinn war an dem Auswahlverfahren für meine Chefarztposition nicht beteiligt worden, fürchtete wohl auch, durch meine Berufung jemanden ins Nest gesetzt zu bekommen, der über ganz direkte Verbindungen zum Ministerium verfügte. Auf jeden Fall war das Telefonat mit Dr. Scharpsinn derart unerfreulich, daß ich dem Ministerium kurz darauf mitteilte, ich würde die Chefarztposition in Arnsdorff nicht antreten.

Das Ministerium lud mich zusammen mit Dr. Scharpsinn zu einem Versöhnungsgespräch ein, bei dem nach meiner Erinnerung Dr. Scharpsinn ständig unversöhnlich und abweisend zum Fenster hinausguckte und ich meinen Freunden aus dem Ministerium klar zu machen versuchte, daß mit jemandem, der sich so verhielte, eine gedeihliche Zusammenarbeit zum Wohle der Kranken nicht möglich sei. Nachdem Versöhnungsversuche durch Fachbeamte des Ministeriums nichts fruchteten, rief schließlich sogar der Staatssekretär bei mir an, um mir seine Vermittlerdienste anzubieten. Ich berichtete ihm nochmals en detail über das in meinen Augen unglaubliche Verhalten des

Dr. Scharpsinn und sagte ihm schließlich, daß ich mich endgültig entschieden hätte, bei Dr. Gutfreund in Zschadraß zu bleiben. Damals war das Ministerium wohl ziemlich ungehalten über Dr. Scharpsinn. Heute ist der gleiche Dr. Scharpsinn, der in meinen Augen bloß seine Macht behalten wollte, der große Held, der Mann mit dem Durchblick, derjenige, der das Ministerium letztlich vor einer großen Peinlichkeit bewahrt hat.

Dr. Gutfreund war natürlich glücklich, mich behalten zu dürfen. Meine Position in Zschadraß war durch die Arnsdorff-Episode noch stärker geworden. Immerhin hatte das Ministerium mit Oberarzt Dr. Postel noch Großes vor.

Wie ich einmal eine Frau als Objekt behandelte

Als ich schon im Gefängnis saß, bekam ich eines Tages einen leicht distanzlosen Brief von irgendwelchen Fernsehleuten aus dem Dunstkreis der Kirch-Sender, die von mir ein Interview haben wollten und sich bei der Gelegenheit mit dem Hinweis in Erinnerung brachten, daß sie ja schon einmal einen »viel gesehenen Beitrag« über mich gesendet hätten.

Selbstverständlich beantwortete ich diese Anfrage nicht, denn die »viel gesehene« Sendung war mir noch allzu gut in Erinnerung als übler, im übrigen vollkommen humorfreier Hetz- und Fahndungsaufruf, der mich um ein Haar vorzeitig ins Gefängnis gebracht hätte.

Nachdem ich Zschadraß am 10. Juli 1997 etwas überstürzt verlassen hatte, reiste ich nach Berlin und suchte mir eine Wohnung in einer gutbürgerlichen Gegend. In der Berliner »Morgenpost« fand ich ein meinen Wünschen entsprechendes Objekt in der Ludwigkirchstraße in Wilmersdorf, ganz in der Nähe des Literaturhauses, nicht weit vom Kurfürstendamm und umgeben von einer Reihe schöner Buchhandlungen und Cafés. Der Vermieterin, einer älteren englischen Dame, stellte ich mich als Dr. Gert von Berg vor (immerhin nur teilweise erfunden). Ich sei Psychologe und wolle mich habilitieren. Dazu hätte ich etwas Geld gespart. (Auch das war nicht ganz gelogen, denn ich trug im Portemonnaie ja fast mein gesamtes, in Zschadraß angesammeltes Gehalt, damals fast 80 000 Mark, in großen Scheinen mit mir herum.) Die Ludwigkirchstraße sei mir besonders lieb, weil ein Vetter von mir dort wohne. In Berlin sei ich ansonsten fremd. Deshalb sei mir die Nähe eines Verwandten nicht unwichtig. Meine Eltern lebten in Stuttgart. Und so fort.

Da die Eigentümerin der Wohnung einen »ausgezeichneten

Eindruck« von mir gewonnen hatte und vermutete, ich stamme aus »gutem Hause«, erhielt ich den Vertrag und zahlte von nun an brav, regelmäßig und bar 1100 Mark im Monat warm. Meine vornehme Herkunft ließ es der Vermieterin auch nicht angebracht erscheinen, um die Vorlage meiner Personalpapiere zu bitten.

Meine Existenz in der Ludwigkirchstraße als gesuchter Hochstapler gestaltete sich leider nicht so angenehm und kurzweilig, wie ich es mir ausgemalt hatte. Das tätige Leben, die vita activa in der Zschadrasser Klinik vermißte ich schon bald. Um das reine Flaneurdasein wirklich zu genießen, fehlten mir, wie ich feststellen mußte, die Gelassenheit, die Bildung und ein auf Dauer auskömmliches Vermögen.

Zu einem disziplinierten, auf mich selbst bezogenen Leben mangelte es mir an Kraft. Es gelang mir lediglich, mich zeitweilig durch die Bekanntschaft mit einer etwas kindlichen Juristin aus wirklich gutem Hause zu zerstreuen und mit ihrer gepuderten Mama gepflegt zu dinieren, aber das allein vermochte meine Leere natürlich nicht auszufüllen. Auch die Pose des Schopenhauerlesers machte mir auf die Dauer keinen Spaß. Sie war im übrigen, wie ein Psychiater später hellsichtig deutete, ein »Ausdruck meiner Flucht vor der Realität«. (Vielleicht ist diese Deutung auch gar nicht so hellsichtig, sondern eher schlicht: Postbote liest einen großen, schweren, deutschen Philosophen anstatt Briefe auszutragen. Was liegt da näher als das Etikett »Realitätsflucht«?)

Zeitweilig beschäftigte ich mich mit der Suche nach einer »Schwester«. Sie sollte in etwa mein Alter haben, aus gutem Hause stammen, akademisch hochbegabt, aber auch Hochstaplerin sein. Ich wünschte mir eine Mischung aus dem Typus »Hohe Frau«, auf den ich ja schon seit Jahren fixiert war, und zu der Niedrigkeit meiner eigenen verbrecherischen Existenz passend.

Und ich glaubte fündig geworden zu sein, als ich in der Zeitung von einer wunderbaren Immunologin las, einer Zierde ihres Faches, die plötzlich aus dem Wissenschaftsparadies der Grundlagenforschung vertrieben worden war, weil man meinte, ihr Fälschungen von Forschungsergebnissen im großen Stil nachweisen zu können. Ihr wurde vorgeworfen, jahrelang Protokolle über ihre Experimente mit Mäusehirnextrakt schlicht erfunden und sogar die Chuzpe besessen zu haben, diese in der angesehenen, britischen Zeitschrift »Lancet« zu veröffentlichen.

Für einen begabten Fernsprecher wie mich war es natürlich keine Schwierigkeit, ihre Privatanschrift in Erfahrung zu bringen. Es rief da nämlich ein Dr. von Berg vom Kultusministerium bei ihrer Universität an und erklärte, er benötige dringend in ihrer Disziplinarsache ihre Adresse. Solche Wünsche des Ministeriums werden schnell und unbürokratisch erfüllt, so daß ich meiner Immunologin umgehend eine Postkarte schicken konnte, in der ich sie bat, mich (ich nannte mich »Klaus«) unter meiner Berliner Telefonnummer zu kontaktieren. Sie entsprach prompt dieser Bitte (mein Gott, mußte sie einsam sein). Wir telefonierten lange miteinander. Was meine Lebensumstände anlangte, war ich nicht vollkommen ehrlich zu ihr. Ich wäre Arzt in Nicaragua und befände mich gerade auf Heimaturlaub, sagte ich ihr. Im Gespräch mit ihr wurde mir schnell deutlich, daß meine Phantasie, in ihr eine Schwester finden zu können, höchst einseitig war. Sie suchte keinen Leidensgenossen, war anfangs sogar ziemlich mißtrauisch, gab aber, da ihr meine Stimme gefiel, meinem Drängen schließlich nach und willigte in ein Treffen ein.

Ich fuhr von Berlin in eine bayerische Universitätsstadt und traf dort auf eine Dame um die 40, schlicht gekleidet in Jeans und Pullover mit V-Ausschnitt, die Ärmel bis fast zu den Ellenbogen hochgeschoben, mit solider, nicht zu schwerer Goldkette, die blonden, mit grauen Strähnen durchzogenen Haare in einem unordentlichen Pferdeschwanz zusammengefaßt. Man sah ihr noch immer an, wie schön und rücksichtslos sie zu ihren Hochzeiten gewesen sein mußte. Ihre Augen waren riesengroß und wasserblau, das rechte sogar noch etwas größer als das andere. Möglicherweise hatte es zu häufig auf dem Okular eines Mikroskops geruht und sich in Folge wissenschaftlicher Anstrengung nach und nach erweitert, ähnlich wie ein Tennisarm. Während ich noch diesem Gedanken nachhing, hatte sie mich mit den Worten »Du bist also der Klaus aus Nicaragua« in ihre Wohnung geführt, die mir ebenso geschmackvoll wie trostlos vorkam: Biedermeiermöbel, moderne, einfarbige Teppiche, Fotoart aus Amerika an den Wänden. Wenig Persönliches, kaum Bücher, kein Nippes oder moderne Silberleuchter mit lila Kerzen. Nachdem sie mir Tee bereitet hatte, rückte sie einen großen Ohrensessel neben mich, setzte sich, zog die Beine unter den Körper und blickte mit ihren wasserblauen Augen durch das Panoramafenster auf die von Föhnwetter erhellten Kämme des nahegelegenen Mittelgebirges. Da ich neben ihr ebenfalls in einem schönen alten Ohrensessel saß, kam ich mir wie in einer Opernloge vor, von der aus ich mich gemeinsam mit ihr an dem selben großartigen Naturschauspiel erfreuen durfte. Eine Sitzordnung fast wie in der Psychoanalyse: der Patient spricht, ohne den Analytiker anzuschauen. Der Analytiker kann den Patienten ansehen, muß es aber nicht. Er kann die Augen schließen. Er kann auch blind sein. Er hört zu, räuspert sich an entscheidenden Stellen, redet, wenn er sich als orthodox versteht, wenig, stellt allenfalls kurze Fragen, besonders zu Anfang der Sitzung.

Da sie zunächst schwieg, sagte ich ganz beiläufig: »Der Tee ist gut.« Nachdem wir eine scharf geschnittene Cumuluswolke hatten vorbeiziehen lassen, hub ich erneut an: »So ein feines Teegeschirr habe ich schon lange nicht mehr gesehen. In unserem Provinzhospital in Nicaragua trinken wir aus Blechtassen. In deinen Tassen schmeckt der Tee viel besser. Du hast es gut«. Dieses »Du hast es gut« löste bei meiner Immunologin einen fast drei Stunden dauernden Monolog aus über all die Ungerechtigkeiten, die ihr widerfahren waren: Sie hatte nicht gefälscht. Und wenn schon, das machen doch alle. Und ihr Chef hat es von ihr verlangt und hat es ihr vorgemacht. Und was ist mit ihrer großen sonstigen wissenschaftlichen Arbeit? Alles in Bausch und Bogen verdammt. Und diese Selbstgerechtigkeit der Kollegen. Keinen Deut besser sind sie. Dieser dauernde Druck zu publizieren, die Konkurrenz zu übertrumpfen. Sie hatte gedacht, in ihrem Fach spiele das Geschlecht heutzutage keine Rolle mehr.

Aus dem Augenwinkel begann ich, ihr Profil zu studieren: Hohe klare Stirn ohne eine einzige Falte. Dichte, in elegantem Schwung gewachsene Augenbrauen, auf der leicht gekrümmten Nase ein Meer von winzigen Sommersprossen, das bis in die Wangen hinein reichte. Im Gegenlicht der Föhnsonne konnte ich erkennen, daß ihr kleiner Mund von blondem Flaum umsäumt war. Sie sprach ohne jede Mimik, wie jemand, der tagelang geweint und alle Emotionen restlos verbraucht hatte. Ich erfuhr von ihr, wie man sie, den einst gefeierten Wissenschaftsstar, plötzlich hatte fallen lassen, unversehens dazu übergegangen war, sie wie eine Aussätzige zu behandeln. Während sie früher mit Einladungen zu Symposien und Kongressen nur so überschüttet wurde, bekam sie jetzt nur noch Anrufe von Kollegen, die ihr dezent bedeuteten, daß es für sie und das Fach besser wäre, wenn sie zu den Zusammenkünften nicht erschiene, zu denen sie, noch bevor der Skandal öffentlich wurde, eingeladen worden war.

Sie lebte nun vollkommen zurückgezogen, haderte mit dem Schicksal und schien durch die Ächtung ihrer Kollegen wie am Boden zerstört. Sie sandte Bewerbungsschreiben in alle Welt. Aber in der »scientific community« waren die gegen sie bestehenden Verdachtsmomente weithin bekannt, so daß nur ein paar Institute in Entwicklungsländern ihr überhaupt antworteten, die wiederum mit ihren Forschungen, so sie denn überhaupt welche betrieben, nicht auf der Höhe der Zeit waren. Sie befand sich in der Situation eines hochgezüchteten Rennpferdes, das sich plötzlich als Ackergaul verdingen sollte.

Unversehens hielt sie inne. Die Sonne hatte sich inzwischen verzogen, es dämmerte schon. Sie schaltete eine Stehlampe ein, blickte auf ihre Uhr und erklärte mit großer Entschiedenheit, daß sie jetzt joggen gehen müsse. Sie verschwand kurz in ihrem Schlafzimmer und erschien nach wenigen Minuten in einer kurzen, roten Jogginghose, die ihre sehnigen, leicht gebräunten Beine vorteilhaft zum Vorschein kommen ließ. Sie trug ein ärmelloses T-Shirt mit der Aufschrift ›Harvard University‹ und ein dunkelblaues Stirnband aus Frottee. Ich könne es mir ruhig gemütlich machen, sagte sie, in einer Stunde sei sie wieder zurück. Ich erwiderte, ich hätte mich im nahegelegenen Gasthof »Zum Goldenen Lamm« erkundigt, ob noch Zimmer frei seien. Vielleicht könnte ich in der Zwischenzeit meine Reisetasche dort hinbringen und mich ein bißchen frisch machen. Nach ihrem Dauerlauf könnten wir im ›Lamm‹ noch eine Kleinigkeit zu uns nehmen. Das schien ihr nicht ganz recht zu sein. Sie habe ein Gästezimmer, wenn mir das zusage, könne ich gerne dort übernachten. Sie gehe im übrigen gegenwärtig nicht gerne aus, sei doch in letzter Zeit recht häuslich geworden, und wenn ich mit ihren bescheidenen Kochkünsten zufrieden wäre, könnte man nachher etwas zusammen essen. Sie zeigte mir mein Zimmer und das Bad und verließ, bereits in ihren vier Wänden leicht trabend, ihre Wohnung.

So allein in einer fremden Wohnung zurückgelassen zu werden, ist ein großer Vertrauensbeweis und eine große Versuchung. Sollte ich mich wie ein Gentleman verhalten, der ich nicht war, oder meiner Neugier nachgeben? Ich überlegte nicht lange und entschied mich für eine moderate Wohnungsdurchsuchung: Im Bad war alles peinlich sauber. Sie benutzte »vent vert«, was ich unter Verwendung ihres Französischlexikons mit »grüner Wind« übersetzte. In ihrem Schlafzimmer befanden sich keine Spiegel und im Schrank keine Peitschen, von

Ketten und Handfesseln ganz zu schweigen. Zwischen ihrer Unterwäsche knisterte reichlich Bargeld, das ich natürlich unangetastet ließ. Offenbar befürchtete sie Pfändungen ihrer Konten. Über ihrem Bett hing eine Lithographie von Chagall, signiert mit dem Titel »Die Liebenden«, in meinen Augen ein ehrenwerter, aber etwas konventioneller Schlafzimmerschmuck. Während meiner Zeit als Kunsthändler hatte ich diesen Druck dutzendfach verkauft. Das Arbeitszimmer machte einen ziemlich unaufgeräumten Eindruck. Zahllose Blätter Papier lagen auf zwei großen Tischen verstreut, desgleichen ein großer Stapel ungeöffneter Post, Absender meist das Ministerium, die Universität, Rechtsanwaltskanzleien und wissenschaftliche Gesellschaften. Mitten auf dem Schreibtisch stand ein enormer Computer, über dessen Bildschirm unablässig hüpfende Reagenzgläschen flimmerten. Da ich weder im Schlaf- noch im Wohn- und auch nicht im Arbeitszimmer irgend ein persönliches Foto hängen sah, hielt ich nach Alben Ausschau und entdeckte schließlich in einem kleinen Regal unter dem PC-Tisch zwei gebundene Privatfotosammlungen sowie das Jahrbuch 1972 der George Washington High School in Billings, Montana (USA). Da ich erst zehn Minuten mit Suchen verbracht hatte, standen mir, abzüglich einer Sicherheitsreserve von einer Viertelstunde, noch gute dreißig Minuten bis zu ihrer Rückkehr zur Verfügung, um diese wichtigen Dokumente in Augenschein zu nehmen. Im Index des Jahrbuches war meine Immunologin zweimal aufgeführt, das eine Mal mit einem Klassenfoto, auf dem ungefähr zwölf vollkommen gleich aussehende, krampfhaft grinsende, blonde Mädchen abgebildet waren und sie schlechterdings nicht zu identifizieren war. Das andere Foto füllte eine ganze Seite und zeigte ein Brustportrait von ihr als Basketball Sweethart mit einem goldenen Krönchen auf dem glänzenden blonden Haar. Die unterschiedliche Größe der Augen war schon damals im Ansatz vorhanden, allerdings mit viel Lidstrich einigermaßen übertüncht. Ihr uniformes Lächeln brachte eine Reihe absolut perfekter Zähne zum Vorschein. Sommersprossen waren überhaupt nicht zu sehen, wahrscheinlich ein Resultat von Puder oder der Retouche des Fotografen. Sie hatte mir erzählt, daß sie während ihrer High-School-Zeit in den USA »wahnsinnig glücklich« gewesen sei und daß dieser Aufenthalt sie »sehr geprägt« hätte.

Die beiden Alben zeigten sie als Baby, mit Erstklässlerschultüte, vor einem Opel Rekord, in einem Edeka-Laden, der wohl der Familie gehörte, denn der Vater stand in einem weißen Kittel an der Waage und wog Emmentaler ab. Und immer wieder bei Schulaufführungen: als Rotkäppchen, als Jeanne d'Arc und als Ophelia. Spätere Bilder zeigten sie mit Studienkollegen, bei der Silberhochzeit der Eltern, am Vortragspult vor einem gefüllten Auditorium und schließlich im Labor, an einem binokularen Mikroskop. Meine Theorie der Entstehung der unterschiedlichen Größe ihrer Augen war offenbar falsch. Schließlich fanden sich einige Fotos eines weißhaarigen älteren Herrn, teilweise ihr im Labor über die Schulter guckend, teilweise mit ihr in Badekleidung unter Palmen auf Liegestühlen am Strand ruhend.

Als ich den Schlüssel im Schloß rumoren hörte, hatte ich alles längst wieder ordentlich verstaut und mich ins Bad begeben, um mir die Zähne zu putzen. Ich trat heraus. Sie stand schweißtriefend, fast noch dampfend in der Küche, nestelte mit zittrigen Händen an einer Champagnerflasche herum und stürzte, nachdem sie sie endlich geöffnet hatte, ein schnell gefülltes Glas hinunter, als ob es Leitungswasser wäre. Sie bot mir ebenfalls einen Schluck an. Fast entschuldigend bemerkte sie dabei, nach dem Joggen brauche sie immer ein Glas Moët. Ihr Gesicht glühte. Sie schien das erste Mal an diesem Tage ein wenig glücklich zu sein, allerdings unverändert nach innen gewandt, auf sich selbst bezogen.

Zum Abendessen gab es Käseplätzchen (wohl von Iglo) und

Radicchiosalat. Dazu trank sie etwa drei Viertel einer Flasche spanischen Rotweins, während ich mich mit Mineralwasser begnügte und an meinem Weinglas bloß nippte.

Um ihr meine Sympathie zu zeigen, äußerte ich in starken Worten meine Empörung über die Art, wie man mit ihr umgegangen sei. Ich bot ihr auch kleine Ansätze einer Schicksalsgemeinschaft an, indem ich ihr gestand, auf einem Spendenaufruf mich einmal als Dr. med. ausgegeben zu haben, um der Sache einen seriöseren Anstrich zu geben, obwohl ich doch in Wahrheit eben nur ein unpromovierter Arzt sei. Sie nahm meine Solidaritätsbekundungen mit Genugtuung zur Kenntnis, gab mir aber gleichzeitig zu verstehen, daß ihre Probleme zu einzigartig seien und ihre psychische Situation zu disparat, als daß aus uns ein Paar werden könnte. Ich begab mich, Müdigkeit vorschützend, frühzeitig zu Bett.

Als Einzelkind, das ich nun einmal war, hatte der geschwisterliche Inzest für mich ohnehin nichts Verlockendes.

Am nächsten Morgen aßen wir gemeinsam Müsli, bevor sie erneut zum Joggen und ich zum Bahnhof aufbrach. Beim Abschied gab ich ihr einen brüderlichen Kuß auf die Wange. Erstaunlicherweise fühlte ich mich nicht »zurückgewiesen« und reiste mit der Erkenntnis nach Berlin zurück, daß es keinen Sinn mache, den Schwesterntraum weiter zu verfolgen. Die Immunologin hatte immerhin ordentlich studiert und promoviert. Ihre Probleme lagen in der Berufspraxis. Mir wiederum fehlten die Examina. Meine Berufsausübung jedoch war, wie ich fand, einwandfrei.

Es war inzwischen Herbst geworden. Berlin ist, wenn es auf Weihnachten zugeht, besonders unerfreulich, naß und düster. Meine Zielfahnder rührten sich wenig. Sie machten Routinebesuche bei meinen Bekannten in Stuttgart und Münster. Einsicht in meine Strafakten wurde noch nicht gewährt, wie regelmäßige Anrufe bei meinem Verteidiger ergaben. Es geschah einfach nichts. Ich war einsam. Emotional trocknete ich nach und nach aus. Das nahm schließlich solche Ausmaße an, daß ich auf eine chiffrierte Kontaktanzeige in der Stadtillustrierten ›Zitty‹ antwortete. Ob es nun die »27jährige mit Lachfältchen« war oder die »junge Akademikerin«, die »bezaubernd sein kann, wenn man sie nur läßt« oder einfach die »Gabi«, die einen »großen (über 180) humor- und niveauvollen Mann« suchte, ist mir entfallen. Auf jeden Fall meldete sich auf meine unterschriftslose Postkarte, auf die ich in grober Schrift einfach die Aufforderung »Bitte ruf an, 8836996« gesetzt hatte, eine junge Frau. Sie stammelte irgend etwas von »ich sollte mich hier melden«. Ich erwiderte warmherzig, ich sei der Gert (der Artikel vor dem Vornamen ist in diesem ›Zitty‹-Milieu ein absolutes Muß). Was ich so machen würde? Ich sei Fotograf und total neu in Berlin. Kennte hier keine Seele und würde gerne mit ihr ausgehen. Da hätte sie nichts dagegen. Ob sie mich abholen würde. Hätte noch richtig Probleme, mich hier zu orientieren. Ja, das ließe sich machen. Also Ludwigkirchstraße 7, bei Soundso klingeln! 20.00 Uhr? Gut, 20.00 Uhr! Tschüs! Tschüs!

Sie war pünktlich. Wir gingen in ein kubanisches Café in der Nähe meiner Wohnung. Wie sie unsere Zusammenkunft erlebt hat, weiß ich ziemlich genau. Sie hat es nämlich später der Polizei geschildert, allerdings nunmehr in dem Bewußtsein, ein Blinddate mit einem gesuchten Straftäter gehabt zu haben.

Und da war ich natürlich ein »fürchterlicher Angeber«, der von sich behauptete, öfter zwischen München und Berlin hin- und herzufliegen. Ich fand diesen Beleg für meine Aufschneiderei rührend altmodisch, denn meines Wissens sind die Zeiten, in denen man mit Flugzeugreisen renommieren konnte, längst vorüber. Ich soll auch behauptet haben, viel herumzukommen, was ja eigentlich schon jeder Inhaber einer Reisegewerbekarte von sich sagen kann. Als Gipfel der Angeberei empfand sie meine Mitteilung, daß schon eine Reihe »meiner

Reportagen« veröffentlicht worden seien. Hätte ich »Reportagen über mich« gesagt, wäre es wohl korrekter gewesen. Wie dem auch sei, es schien mir nicht gelungen zu sein, sie zu beeindrucken.

Auch meine Ökoschiene, eigentlich wohlerprobt in vielen Anbahnungsgesprächen, hatte mich ihr nicht sympathischer werden lassen. Ich dachte, sie gehöre zu jener Generation, die mit 15 Jahren schon Unterschriften gegen Tierversuche gesammelt und sich an Kampagnen gegen Pelzläden beteiligt hätte. Also sagte ich ihr, daß ich, obwohl ich es mir augenscheinlich leisten konnte, kein Auto besäße. In Berlin, so fügte ich hinzu, brauche man auch keines. Selbst diese einnehmende Seite meiner Persönlichkeit weckte bei ihr keine positive Reaktion.

Schließlich las ich ihr ein paar Gedichte von Robert Gernhardt vor, die ich schon vor längerer Zeit abgetippt hatte und ständig in meiner Brieftasche trug, um sie bei Gelegenheit als meine ausgeben zu können. Sie fand die Gedichte gut, war aber offenbar keine hinreichend versierte Kennerin des Gernhardtschen Werkes, um mich entlarven zu können. Doch auch die Tatsache, daß ich Gedichte schrieb, eigentlich als sensibler und romantischer Zug in meinem Wesen geplant, machte mich ihr nicht liebenswert.

Nachdem ich etwas eilig, ohne Erfolg, mein ganzes Repertoire heruntergehaspelt hatte, wurde ich ungeduldig. Ich stellte ihr Fragen, bei denen sie genau wußte, worauf sie hinausliefen. Sie antwortete ausweichend, weil sie der Auffassung war, diese Fragen wären in der vorgeschriebenen Choreographie solcher Kontaktgespräche erst später dran. Mit ihrer Umständlichkeit konnte ich in meinem Zustand nichts anfangen. Grob und mit rauher Stimme sagte ich also zu ihr, »bring es auf den Punkt, Mädel!« Das fand sie widerwärtig. Man kann es ihr nicht verdenken. Sie fürchtete sich vor mir. Von Anfang an hatte ich auf sie einen zwar intelligenten, aber höchst merkwürdigen Eindruck gemacht.

Als wir nach einer Stunde das Café verließen, wurde ich zudringlich. Sie schrie mich an und ließ mich stehen.

Ich dachte keine Sekunde daran, ihr noch hinterher zu laufen, weil ich mich eigentlich erleichtert fühlte, daß unser Rendezvous zu Ende war. Ich hatte mich wie ein Tier benommen. Meine Freundinnen aus der Frauenbewegung wären über mein Verhalten alles andere als glücklich gewesen. Ich schämte mich.

Daß es eine Sünde ist, in einer Frau nur ein Objekt der Begierde zu sehen, und daß solche Sünden Folgen haben, sollte ich nur zu bald erfahren:

Zwei Wochen später rief um 22.38 Uhr jene »Objektfrau« nämlich ganz aufgeregt bei dem Fernsehmagazin »Fahndungsakte« an und teilte ungefragt zu dem Beitrag »Gejagt: Der falsche Doktor«, in den sie beim Herumzappen zufällig hineingeschaut hätte, mit, sie hätte sich vor ein paar Tagen mit mir getroffen, »weil ich habe eine Annonce gemacht in der Zeitung Intercity in Berlin und also äh, ich weiß, wo er ist oder wo er zumindest damals war.« Es entspann sich dann folgender Dialog:

SAT 1: Wann war das denn ungefähr?

Objektfrau: Das war vor eigentlich ziemlich genau zwei Wochen.

Sat 1: Ja.

Objektfrau: Und er hat mir auch eine Telefonnummer gegeben und ich habe ihn damals vor der Haustür abgeholt. Ich kann Ihnen gerne die Adresse geben.

SAT 1: Das wäre sehr nett.

Objektfrau: Und zwar ist das mh, was zu schreiben da?

SAT 1: Ja, ja.

Objektfrau: Ich bin völlig fertig im Moment.

SAT 1: Ganz ruhig.

Objektfrau: Ganz ruhig, nein ich hatte ein Blinddate und das war absolut psychopathisch und –

SAT 1: Und der war auch so groß?
Objektfrau: Ich bin nicht, also entschuldigen Sie bitte, ich bin zwar aufgeregt, aber es war er. Ich habe nur dieses Foto gesehen.

Sie gab dann sehr exakt Adresse, Telefonnummer und den Namen meiner Vermieterin an.

SAT 1: Sind Sie noch bis Mitternacht zuhause?
Objektfrau: Auf jeden Fall.
SAT 1: Alles klar, vielleicht ruft jemand noch mal zurück, ja?
. . . . .
SAT 1: Ansonsten danken wir erstmal für den Hinweis.
Objektfrau: Bitte, bitte.
SAT 1: Okay.
Objektfrau: Ich hoffe, Sie sind erfolgreich.
SAT 1: Wir versuchen es.
Objektfrau: Ich reg' mich schon wieder ab.
SAT 1: Okay, gut, tschüs.
Objektfrau: Tschüs.

Ich bin mir nicht sicher, ob sie mich nicht auch dann verraten hätte, wenn ich netter zu ihr gewesen wäre. Immerhin hat auch mein Vetter, den ich stets ganz gerne mochte, zu dem ich nie gemein war und dem ich zum Geburtstag und zu Weihnachten jeweils eine Karte schickte, an diesem Abend bei SAT 1 angerufen, um der »Fahndungsakte« Informationen über mich anzubieten. Ob seine Mitteilungen, die sich in Sätzen wie »Meine persönliche Meinung ist, daß Gert sich überwiegend in Hotels oder bei Freunden, die ich nicht kenne, aufhält« erschöpften, der Polizei wirklich weitergeholfen haben, wage ich zu bezweifeln.

Die präzisen Angaben meiner Objektfrau führten jedoch

dazu, daß ich zwei Tage später mein Frühstück gegen 8.15 Uhr unterbrechen mußte, weil ich Geräusche an der Tür vernahm. Glücklicherweise gehöre ich nicht zu den Leuten, die zum Frühstück das Radio dudeln lassen, um auf diese Weise ihre Anwesenheit in ihrer Wohnung zu manifestieren. Ich zog vielmehr geräuschlos meine Schuhe aus und begab mich auf Strümpfen zur Wohnungstür, um einen Blick durch den Spion zu werfen. Ich sah zwei Herren in Zivil, deren adrett-sportliche Kleidung sie unschwer als Kriminalbeamte auswies. Sie lungerten unschlüssig vor meiner Wohnungstür herum. Ich hatte den Eindruck, daß sie sich ihrer Untätigkeit schämten. Einer der beiden faßte sich schließlich ein Herz und begann an dem aufgeklebten Klingelschild zu manipulieren. Er zog die oberste Lage ab und entdeckte unter dem Namen meiner englischen Vermieterin den Namen eines Vormieters. Das brachte ihn allerdings kriminalistisch nicht weiter. Da ich von den beiden ja wirklich nicht weit entfernt war, die Distanz betrug allenfalls einen Meter, spürte ich einen Moment die Versuchung, den beiden aus ihrer mißlichen Lage zu helfen, indem ich die Tür öffnete und mich ihnen als das Objekt ihrer polizeilichen Begierde zu erkennen gab. Dann aber überwog bei mir doch das Vergnügen, ganz in der Nähe meiner Häscher zu sein und doch nicht von ihnen wahrgenommen zu werden. Mit angehaltenem Atem wartete ich darauf, was sie nun unternehmen würden. So ein untätiger, unschlüssiger Kriminalbeamter ist nämlich ein bewegender Anblick. Man fühlt sich ein wenig an einen Pfau erinnert, der gerade kein Rad schlägt.

Würden sie sich überraschend gegen die Tür werfen? Sie war ziemlich massiv. Außerdem stand ich direkt hinter dem Türblatt, so daß ich wahrscheinlich den ersten Tritten würde standhalten können. Ich kam schließlich zu der Annahme, daß bei deutschen Straftätern, noch dazu bei Betrügern, die ja erfahrungsgemäß nur selten bewaffnet sind, in der Regel ein

Schlüsseldienst geholt wird, der die Tür undramatisch und gewaltfrei öffnet.

Schließlich fiel das Augenmerk des einen Beamten auf einen teilweise unter dem Fußabstreifer hervorschauenden weißen Zettel. Er bückte sich, zog das Papier hervor, überflog es und gab es seinem Kollegen zu lesen. Wie wenn der Zettel einen geheimen Befehl enthalten hätte, sahen sich die beiden an, zuckten mit den Schultern und verließen mit dem Aufzug und dem Zettel die Stätte ihres Wirkens.

Das Geheimnis des Zettels ist leicht zu lüften. Er enthielt den schlagenden Beweis dafür, daß ich nicht in Berlin sein könne. Auf ihm stand nämlich in meiner Handschrift zu lesen:

»Lieber Peter,

Ich bin heute nach Bremen gefahren und am 14. Dezember zurück. Du kannst mich dort (bei Susanne) telefonisch erreichen.

Gruß

Gert«

Nach der Fahndungssendung in SAT 1 hatte ich aus prophylaktischen Gründen das Papier unter der Fußmatte deponiert, wobei ich mir ausrechnete, daß ein nur leichtes Hervorragen einer Ecke des Briefes den Eindruck der ernsthaften, ausschließlich für jenen Peter bestimmten Mitteilung vermitteln würde.

Da ich die Gefahrenlage trotz des vorläufigen Abzugs meiner beiden Verfolger noch als sehr kritisch einschätzte, beschloß ich, mich aus dem Staube zu machen. Es blieb mir deshalb gar nichts anderes übrig, als das dreckige Frühstücksgeschirr auf dem Tisch stehen zu lassen. Ich hatte auch nicht die Muße, das Marmeladenglas zu verschließen, noch den Kühlschrank abzutauen oder gar meine Bettwäsche abzuziehen, wie ich es eigentlich gewohnt bin, wenn ich einen Gastaufenthalt beende. Die Wohnung wirkte daher, als die Kriminalpolizei sie später betrat, verdreckt und unaufgeräumt, ein Eindruck, den hinterlassen zu haben mir ausgesprochen peinlich ist. Da ich jedoch meinte, Prioritäten setzen zu müssen – es ging schließlich um meine persönliche Freiheit – und da man es sowieso nie allen Leuten recht machen kann, stopfte ich eiligst meine schmale Habe in meine Reisetasche, schaute mich noch einmal zum Abschied dankbar in der Wohnung um, die mir für einige Monate Zuflucht geboten hatte, stellte den Toaster an, damit er noch warm sei, wenn sich die Polizei denn doch noch Zugang verschaffen würde, und verließ das Apartment, um nie mehr dorthin zurückzukehren. Weniger aus sportlichen Überlegungen als vielmehr aus Vorsicht mied ich den Aufzug und benutzte die Treppe, um aus dem vierten Stock ins Parterre zu gelangen.

Da ich die beiden Beamten, die mir noch vor kurzem so nahe waren, durch ein Treppenhausfenster mit Kollegen auf der Ludwigkirchstraße das weitere Vorgehen beratschlagen sah, zog ich es vor, mein Wohnhaus durch den Hinterausgang zu verlassen, dem die Polizei zu diesem Zeitpunkt noch nicht ihre Aufmerksamkeit geschenkt hatte, während sie den Vordereingang ständig und aufs strengste bewachte. Als ich auf die Straße trat, trug ich eine Baskenmütze und sah wie ein Studienrat für Französisch aus. Meine Brille hatte ich nicht auf der Nase, sondern in der Manteltasche, was mich zwar etwas blind machte, andererseits aber mein Aussehen stark veränderte. Außerdem ist die mit einer Sehschwäche verbundene Hilflosigkeit zuweilen ein Schutz, weil sie einem gestattet, sich in Gefahr ganz ungezwungen zu verhalten, da man die Risiken, die um einen herum lauern, einfach nicht wahrnehmen kann.

Anstatt nun Gott in einem stillen Gebet für die glückliche Rettung zu danken und einfach meiner Wege zu gehen, rief ich, es muß mich der Teufel geritten haben, meinen Staatsanwalt in Leipzig von einer nahegelegenen Telefonzelle aus an und beklagte mich darüber, daß sich seine Hilfsbeamten schon zu so früher Stunde an meiner Haus- und Wohnungstür zu schaffen gemacht hätten. Mein Staatsanwalt (er ist einer für »besondere Aufgaben« und wird in Leipzig als »Hoffnungsträger« gehandelt) blieb vollkommen unaufgeregt und sachlich. Es ist geradezu sein Markenzeichen, nach außen Phlegma zu zeigen, aber intern schnell und hart zu ermitteln. Nachdem er sich mein kaum verhohlenes Triumphgeplapper angehört hatte, fragte er ganz freundlich, wo genau ich mich jetzt befände. Das empfand ich als Beleidigung, ja, als Angriff auf meine Intelligenz. Ich hängte grußlos ein.

In der Rückschau erkenne ich natürlich in meinem Bedürfnis, über die düpierten Strafverfolgungsorgane so demonstrativ zu triumphieren, das Zeichen eines schwerwiegenden Charakterfehlers.

Wie ich einmal in eine Pistolenmündung schaute

Bitte lesen Sie ruhig weiter, auch wenn es gleich etwas schmierig und klischeehaft wird. Ich möchte Ihnen nur vorab versichern, daß das nicht mein eigentlicher Stil ist. Der Grund, weshalb ich mich zu dieser miesen Schreibe habe hinreißen lassen, ist pekuniärer Natur. Also grob gesprochen, es ging ums Geld. Aber es war meinen potentiellen Auftraggebern noch nicht mies genug, und so blieb es bei dieser biographischen Skizze. Sie wollten mehr »Weibergeschichten«, während ich natürlich um ritterliche Diskretion bemüht war. Das Angebot schien zunächst verlockend: Eine Zeitung mit millionenfacher Leserschaft veröffentlicht in sechs Folgen meine Biographie in der Ichform und zahlt dafür einen wirklich namhaften Betrag. Es war eine Abwägung zu treffen. Auf der einen Seite die deutliche Gefahr einer Vulgarisierung meiner Vita, auf der anderen Seite die Möglichkeit, mit dem Honorar den finanziellen Schaden, der dem Freistaat Sachsen durch meinen Anstellungsbetrug entstanden war, mit einem Schlage ausgleichen zu können. Täter-Opfer-Ausgleich nennt man so etwas. Auch ein Freistaat kann Opfer sein. Und geringere Strafe gibt es bei Schadenwiedergutmachung schon von Gesetzes wegen.

Für das Honorar hätte ich schon ein Opfer gebracht, auch wenn mir die Massenpresse eigentlich total zuwider ist. Einer wie ich, der sich seiner selbst so wenig sicher ist, muß wenigstens Stil haben. Mein Stil ist dezent elitär. Ich lese keinen Schund. Mit der Lektüre von Konsalik oder Karasek würde ich keine Minute verschwenden. Das Gefängnis überlebe ich mit Hilfe von Schopenhauer, Stendhal und Shakespeare. Selbst in der Einsamkeit meiner Zelle interessiert mich die Massenpresse überhaupt nicht. Wenn sie etwas über mich schreibt, was zur

Zeit nicht selten vorkommt, lasse ich mir von Mitgefangenen darüber berichten. Ich nehme keine Zeitung in die Hand, auf deren Titelseite mehr als die Farben Schwarz und Weiß zu sehen ist. Ich gehöre zu den Stillen und Nachdenklichen im Lande. Ich informiere mich täglich aus der FAZ und lese ab und an ganz gerne den »Merkur«, am liebsten übrigens im Garten des Berliner Literaturcafés in der Fasanenstraße. Wenn dann eine 37jährige Dame an meinen Tisch herantritt und mich fragt, ob sie sich zu mir setzen darf, blicke ich einen Moment indigniert auf, weil sie mich bei der Lektüre dieser großartigen Zeitschrift für europäisches Denken unterbrochen hat, frage sie unvermittelt, ob sie überhaupt Abitur habe, und wenn sie dann, meine Unverschämtheit übergehend begütigend antwortet, »ich habe sogar studiert«, bitte ich sie Platz zu nehmen. Dann lege ich den »Merkur« zur Seite und unterhalte mich mit ihr, bis ich irgendwann zu der bei 37jährigen Akademikerinnen eigentlich immer zutreffenden Feststellung gelange, »ich habe das Gefühl, bei Ihnen liegt etwas brach«. Wenn sie darauf nur ein wenig schuldbewußt reagiert oder wenn ihr Gesicht nur einen Anflug von Traurigkeit zeigt, füge ich sanft lächelnd hinzu: »Ich würde das gerne ändern.«

18 DM E 4705 E

MERKUR

Deutsche Zeitschrift für europäisches Denken

Heft 5 50. Jahrgang Mai 1996
Klett-Cotta Stuttgart

Richard Herzinger Flucht aus der Politik. Deutsche Intellektuelle nach Srebrenica
Manfred Henningsen Die Transformation Amerikas
Mark Lilla Was ist Gegenaufklärung?
Gerhard Kaiser »Verbrechen der Wehrmacht 1941–44«: Kritik einer Ausstellung
Ralph Rotte Das Ende der Wehrpflicht in Europa?
Jörg Lau Literatur. Eine Kolumne
Patrick Bahners Denkformen im Mittelalter. Geschichtskolumne
Richard Klein Kritische Theorie in Briefen
Martin Lüdke Wahrer Adel. Zu den Briefwechseln Arendt/McCarthy und Nabokov/Wilson
Hannah Arendt Adolf Eichmann. Von der Banalität des Bösen

566

Ich lese ab und an ganz gerne den »Merkur«, am liebsten im Garten des Berliner Literaturcafés in der Fasanenstraße.

Aber, entschuldigen Sie, jetzt bin ich doch ein wenig abgeschweift. Ich wollte nur mal klarstellen, welche Presseerzeugnisse meinem Stilempfinden entsprechen. Diese Präferenz für die FAZ ist übrigens nicht nur ästhetisch begründet. Auch gehöre ich keineswegs zu den Leuten, die behaupten, dieses Blatt zu lesen, um zu wissen, was die Bourgeoisie denkt, so nach dem Motto »links denken, rechts lesen«. Nein, im Gegenteil, auch wenn Sie das bei einem Betrüger vielleicht verwundern sollte: Ich bin durch und durch ein Konservativer! Ich bewundere Kohl. Ich mag das Kleinbürgerlich-Echte an ihm genauso, wie ich das Kleinbürgerlich-Unechte bei Schröder verachte. Mir gefällt es, wenn Bahners und Schirrmacher in dem letzten großen Interview mit Kohl vor der Wahl ihren Protagonisten sagen lassen, die Vorschläge des SPD-Bundeskulturministerkandidaten Naumann seien »linker Wilhelminismus«. Auch was die Innere Sicherheit anlangt, befürworte ich eher die CDU-Linie. Wenn schon abgehört wird, dann ohne Privilegien und Ausnahmen! Männer wie Kanther oder Beckstein sind in meinen Augen einem gefallenen Freiheitsengel wie Schily bei weitem vorzuziehen. Sicherlich wird man mir entgegenhalten, daß ein Hochstapler sich ins eigene Fleisch schneide, wenn er sich als Konservativer geriere und gar justizpolitische Positionen der Christdemokraten vertrete. Daran ist schon ein Körnchen Wahrheit. Aber warum sollte ich meine Grundsätze als interessierter Staatsbürger von meinen Partikularinteressen als Hochstapler beeinflussen lassen? Fälschen, täuschen, hochstapeln, Unterschiede verwischen, das kann ich schon selber. Muß ich dann auch noch eine Partei wählen, die dergleichen Fertigkeiten beherrscht? Für mich, der ich Orientierung suche, bieten die Milieu-Parteien SPD und Grüne keinen Halt. Ich würde im übrigen auch lieber vor einem distanziert-konservativen Richter stehen als vor einem sozialromantischen Eiferer, der zwischen übertriebener Milde und hartem Zuschlagen kein rechtes Maß findet.

Leider habe ich mich schon wieder verschwatzt. Berichten wollte ich eigentlich, wie die Wünsche des Massenblattes meinem Geschmack so sehr zuwiderliefen, daß ich in einem Anfall von Gradlinigkeit davon absah, mich mit einem fünfstelligen Betrag bestechen zu lassen. Also das fing schon damit an, daß die Justitiare dieses Verlages einen Vertragsentwurf vorlegten, in dem ich von vornherein auf jedwede Geltendmachung von Persönlichkeitsrechten verzichten sollte. Sie wollten von mir offenbar eine Lizenz zum Schmähen. Dann verlangten sie, ich sollte ihnen »mein gesamtes Wissen« zur Verfügung stellen. Soweit war nicht einmal mein Zastrow von der FAZ gegangen. Schließlich sollte ich mich von vornherein bereit erklären, auf Anfrage des Verlages die Richtigkeit meiner Angaben eidesstattlich zu versichern und im übrigen mit Dokumenten zu belegen. Da wußte ich ja noch gar nicht, was ich ihnen erzählen würde. Und was dem Ganzen die Krone aufsetzte: Ich sollte ihnen eine komplette Liste aller meiner gegenwärtigen und verflossenen Freundinnen liefern, worunter diese Herren na-

Man sagte mir auch eine Beziehung zu einer New Yorker Richterin nach.

türlich nur, um in ihrem Jargon zu bleiben, »Intimpartnerinnen« verstanden.

In einem Exposé legten sie dar, daß sie etwas über meine »ersten Gehversuche beim weiblichen Geschlecht« schreiben wollten. Ferner über meine »amourösen Abenteuer« als Dr. Dr. Bartholdy 1983 in Flensburg. »Derartige Episoden« sollten in jeder Serienfolge auftauchen, verlangten sie. Desgleichen interessierte sie ein »Techtelmechtel mit einer Richterin in der Madison Avenue«. Scharf – den Ausdruck kann man in diesem Zusammenhang getrost gebrauchen – waren sie auch auf eine »Liebesbeziehung zu einer Staatsanwältin in Berlin und zu einer Richterin«, mit der ich ein Kind haben sollte. Da mir außer meiner Selbstachtung wenig geblieben ist, auch wenn mein Selbst, folgt man den psychiatrischen Gutachtern, so klein ist, daß es wenig zu achten ist, lehnte ich diese Bedingungen ab. Stattdessen entwarf ich eine erste Folge der Serie, so wie ich sie mir vorstellte, wobei ich den Herren auf ihrer Geilheitsstrecke andeutungsweise, aber eben nur ein wenig entgegenkam. Dieses schmierige Stück Journalismus aus eigener Hand möchte ich Ihnen nicht vorenthalten:

»Es war ein schöner Sonntagnachmittag im Mai 1997. Ich saß in Stuttgart in einer Luxus-Sauna, russisch-römisch, von Dampf eingehüllt, und dachte über mein Leben nach.

Eine Sauna hat einen großen Vorteil: In der Sauna sind alle gleich – von kleinen Unterschieden einmal abgesehen. Ob einer nun Chefarzt oder nur Postbote ist, das erkennt man nicht so schnell. Ich war zwar nur Postbote, aber ich hatte immerhin schon als Oberarzt gearbeitet. Vor einem halben Jahr hatte mir das sächsische Sozialministerium sogar eine Chefarztstelle angeboten. Jetzt war ich auf der Flucht.

Neben mir auf der Bank saß ein Lehrerehepaar, das gnadenlos langweilig seine Unterrichtsprobleme wiederkäute. Er gab Erdkunde-, sie Handarbeitsunterricht. Mir gegenüber saß eine wunderschöne, junge Frau mit schulterlangem, dunkelbrau-

nem Haar, bräunlichem Teint, sportlicher Figur. Alles, was ich durch die Dampfschwaden entdecken konnte, gefiel mir außerordentlich.

Ich wollte mit ihr allein sein und so fragte ich das Lehrerehepaar, ob sie sich denn nicht über etwas Interessanteres unterhalten könnten als über ihre öden Schulprobleme. Lehrer seien in meinen Augen sowieso ein sozial vollkommen überflüssiger Beruf. Schon am ersten Ferientag ständen sie ge-

Im Namen der

Bundesrepublik Deutschland

ernenne ich
den

Postschaffner zur Anstellung

GERT POSTEL

mit Wirkung vom 1. März 1977

zum

Postschaffner

Bremen, den 10. Februar 1977

Für den Bundesminister
für das Post- und Fernmeldewesen

Der Präsident der Oberpostdirektion

Im Auftrag

In der Sauna sind alle gleich.

stiefelt und gespornt am Flughafen, um nach Gomera oder Katmandu abzureisen, alles während der Schulzeit bis ins Detail geplant und mit ihren dicken Beamtengehältern finanziert. Die beiden zeigten sich auf der Stelle empört und verließen schimpfend den Raum.

Die junge Frau gab mir zu verstehen, daß die beiden ihr auch nicht gut gefallen hätten, und so kamen wir ins Gespräch. Ich sagte: »Es ist schön, wieder in Deutschland zu sein. Ich komme gerade aus Mexiko zurück.« »Mexiko?« fragte sie, »was machen Sie denn in Mexiko?« Ich erzählte ihr, daß ich als Kinderarzt in Chiapas bei den Chiapatisten, das sind revolutionäre, indianische Landarbeiter, gearbeitet hätte. Ich hätte mich in Münster habilitiert und würde demnächst in Tübingen eine Professur für Kinderheilkunde antreten. Noch vor zwei Tagen, so berichtete ich ihr, hätte ich mit dem Subcomandante Marcos zu Mittag gegessen. Sie hing an meinen Lippen, hörte mir voller Sympathie zu. Mit Revolutionären Umgang zu haben, dann auch noch Gutes zu tun, war genau die Mischung, nach der sie sich sehnte. Roswitha – so hieß sie – setzte sich zu mir auf die Bank und klagte, ihr Leben sei viel langweiliger. Sie war Führungskraft in einem internationalen Unternehmen. Akademischer Abschluß in den USA, viel Fliegerei, harte Verhandlungen. Sie gefiel mir sehr.

Ich fragte sie, ob sie bei dem beruflichen Streß überhaupt noch ein Privatleben habe. Ob da nicht etwas bei ihr brachliege. Ich würde das gerne ändern.

Sie lud mich zu sich nach Hause ein, Killesberg, beste Stuttgarter Lage, und ich blieb. Den Kinderarzt legte ich noch am selben Abend ab, daß ein einfacher Postbeamter so schöne Geschichten erzählen konnte, gefiel ihr aber noch viel besser.

Ich erzählte ihr mein Leben. Wie ich in der Nähe von Bremen auf einem kleinen Bauernhof aufgewachsen war, von den Großeltern – Landwirte aus Ostpreußen, die bessere Tage gesehen hätten. Von der Familie väterlicherseits, eigentlich

Tierärzte und Beamte, von meinem Vater, der es nicht so weit gebracht hatte, Automechaniker, ein harter Mann, und meiner schönen Mutter.

Meine Mutter, die in den 50er Jahren als Mannequin gearbeitet hatte, die das Reisen liebte, die immer die besten Kleider trug und die ich angebetet habe. Meine Mutter, die mit meinem sturen Vater mit seiner Bundeswehrbegeisterung, mit seinem »Bleib-auf-dem-Teppich-Gerede« nichts anzufangen wußte, und die sich schließlich in einen hohen Bremer Beamten verliebte und während meiner Adoleszenz mit ihm ein Verhältnis hatte.

Ich erzählte ihr, wie ich sie jeden Freitag zu der prächtigen Jugendstilvilla des hohen Juristen begleitete. Er, ein stattlicher Herr, mit Schmissen im Gesicht, freundlich und gebildet, mit einer großen Bibliothek. Dort durfte ich nach Herzenslust schmökern, während meine Mutter für ein bis zwei Stunden ins Obergeschoß verschwand und dann glücklich mich wieder an der Hand nahm, um mit mir zum Bauernhof und zu meinem sturen Vater zurückzukehren. Zu meinem Vater, der mich zwang, von der Schule abzugehen, obwohl meine Mutter Großes mit mir vorhatte. Mein Vater, der mich drängte, schnell Geld zu verdienen, obwohl ich doch viel lieber mit meiner Mutter verreist wäre.

Postbote wurde ich im einfachen Dienst. Aber ich hielt es dort nicht lange aus. Als der Geliebte meiner Mutter starb, ihr schönes Leben vorbei war, ihr niemand mehr Schmuck schenkte, da wurde sie traurig, weinte viel und nahm sich schließlich das Leben.

Ich erzählte meiner Geliebten, wie ich das Briefeaustragen sein ließ und mit 22 Jahren in Flensburg zum Dr. Dr. Bartholdy wurde, der den sozialpsychiatrischen Dienst der Stadt aufbaute, und wie ich so langsam in die Mühlen der Hochstapelei geriet, die mich jetzt auf der Flucht in die Stuttgarter Luxussauna gebracht hatten.

So ein tolles Leben gefiel ihr, keine Vorgesetzten, immer alle lächerlich machen, keine Termine, nur den Streß der permanenten Zielfahndung, immer frech sein und nett zu den Frauen. Ich blieb ihr Hausgast fast zehn Tage lang. Sie sagte mir, sie sei noch nie so glücklich gewesen, und mir ging es ebenso.

Am Tage meiner Verhaftung, am Dienstag, den 12. Mai 1998, fuhr ich mittags gegen 12.00 Uhr zum Stuttgarter Hauptbahnhof. Ich wollte meine kleine Richterin aus Esslingen anrufen. Eine alte Freundin, die sich ganz rührend um mich »gekümmert« hatte. Jetzt war sie in Schwierigkeiten, weil die Frankfurter Allgemeine Zeitung berichtet hatte, daß sie mir, einem flüchtigen Betrüger, geholfen hatte. Mir tat sie sehr leid. Man hatte sie strafversetzt, und es stand zu befürchten, daß sie ganz aus dem Dienst entfernt werden und ein Strafverfahren bekommen würde.

In den Tagen zuvor hatte sie mich immer wieder gebeten, zu bestimmten Zeiten anzurufen. Sie wollte sogar, daß ich mich mit ihrem Anwalt traf, was ich aber ablehnte, weil ich darin keinen Sinn sah. Ich hatte ihr gegenüber ein schlechtes Gewissen. Schließlich war ich es gewesen, der sie in Schwierigkeiten gebracht hatte.

Was ich allerdings nicht wußte, war, daß die Polizei sie längst in die Mangel genommen hatte und sie schließlich unter Druck einwilligte, auf ihren Telefonanschluß eine Fangschaltung legen zu lassen, mich zu Anrufen zu bestimmten Zeiten zu bewegen und auf diese Weise meine Verhaftung zu bewirken. Tätige Reue nennen die Juristen so etwas. Meine Richterin wollte offenbar wiedergutmachen, was sie vorher an »unrichterlichen« Handlungen zu meinen Gunsten begangen hatte.

Ich betrat die Telefonzelle am Hauptbahnhof und wählte ihre Nummer. Plötzlich öffnete sich die Tür. Beim Umdrehen blickte ich in zwei Pistolenläufe. Zwei junge Herren in modischen Sakkos sagten im Chor: »Herr Postel! Kommen Sie bitte mit!« Einer so nachdrücklich vorgebrachten Bitte kann man sich schlecht verweigern. Sie brachten mich zum Amtsgericht Stuttgart. Dort verkündete mir eine wunderschöne Richterin, deren Bekanntschaft ich allerdings nur dienstlich machen durfte, meinen ellenlangen Haftbefehl:

Betrug, Betrug, Urkundenfälschung, Urkundenfälschung, falsche Titelführung, Gesamtschaden über 200.000 DM.

Ein bißchen was konnte ich zur Schadenswiedergutmachung sofort beitragen. Als Hochstapler auf der Flucht weiß man nämlich nie, was auf einen so zukommt, und so trug ich auch jetzt den Rest meines gesparten Gehaltes als Oberarzt in Sachsen in der Tasche. Sauer erarbeitete 55.000 Mark: Man nahm sie mir ab und zahlte sie säuberlich, Schein für Schein, bei der Polizeikasse ein.

Von Roswitha, meiner Geliebten aus der Sauna, konnte ich mich leider nicht verabschieden. Sie mußte am Tage meiner Verhaftung schon ganz früh auf eine Geschäftsreise. Daß sie mich wirklich mochte, konnte ich sehen, als ich gegen 10.00

Ich, im Kreise meiner Schulkameraden, die inzwischen fast alle promoviert sind.

Uhr in ihrem Bett erwachte und den Frühstückstisch liebevoll gedeckt vorfand mit Kaffee in der Thermoskanne, Aufschnitt, Marmelade und Toastbrot. Auch das Power-Müsli hatte sie nicht vergessen.«

Gar nicht so übel, mein kleiner Ausflug in die Welt der Massenpresse. Ich verstehe eigentlich nicht, warum die Herren da nicht zugeschlagen haben. Auch bei der Herausgabe der Liste meiner Intimpartnerinnen hätte man sich vielleicht einigen können. Hier mein neuester Kompromißvorschlag:

Susanne, Angelika, Susanne, Annette, Martina, Roberta, Anna, Katrin, Pamela, Monika, Uta, Frauke, Edeltraut, Mandy, Peggy, Gisela, Friederike, Gerda, Mausi, Rudolfine, Stefanie, Marion, Alexandra, Michaela, Gloria, Undine, Huguetta, Sabine, Johanna, Elke, Mareike, Chantal, Silke, Gitti, Susi, Maxi und Roswitha.

Zufrieden?

Mein Lieblingsjournalist

Wenn Sie mich fragen, wen ich am meisten bewundere, dann gibt es für mich nur eine Antwort: Zastrow. Ja, Volker Zastrow. Ich halte ihn für einen der Größten. Er schreibt für die FAZ, was er will, und sie druckt es sogar! Ich sehe ihn als meinen Freund an, obwohl er nie mit einem Straftäter befreundet sein könnte. Dazu ist er einfach sittlich viel zu sehr gefestigt. Er hat eine strikt professionelle Haltung zu mir.

Er war zwar nicht Zeuge einer meiner abscheulichsten Taten, nämlich der Fälschung meines Abiturzeugnisses auf der Dienstschreibmaschine des Esslinger Amtsgerichts, aber er hat immerhin den Tatort und das instrumentum sceleris besichtigt und auf diese Weise etwas Authentizität erhascht. Er verabscheut das Verbrechen. Er lacht selten, auf jeden Fall nie, um mich zur Fortsetzung meiner Straftaten zu ermuntern.

Wenn man mit ihm telefoniert, merkt man sofort, daß man es mit einem gedankenschweren Mann zu tun hat: Er begleitet die Mitteilungen des Anrufers nie mit einem den Gesprächsfluß in Gang haltenden ›Ja, ja‹, sondern lauscht stumm in den Hörer hinein, damit ihm nur ja keine Nuance entgeht. Wenn man dann nach einiger Zeit fragt, »sind Sie noch da?«, schallt einem nach einer kurzen Verzögerung aus der Telefonmuschel ein geheimnisvolles, intensives »Natürlich« entgegen.

Zastrow weiß alles über mich. Er ist mein Eckermann, mein Analytiker, mein – man sehe mir die Berufsbezeichnung nach, sie ist nur metaphorisch gemeint – mein Richter! Er durchschaut mich und meine armselige Existenz. Er diagnostiziert scharfsichtig eine wohl hirnorganisch bedingte Mathematikschwäche bei mir. Er fühlt instinktiv, daß ich – leider – nicht das Superhirn bin, sondern daß meine Intelligenz nicht über die des Durchschnittsbürgers herausragt. Sein Gefühl findet er übrigens in wissenschaftlichen Testergebnissen bestätigt (nicht

Angeborener Charakter bleibt

Zum Beitrag „Hartnäckige Gefühlskälte – Viele schwierige Kinder bleiben schwierig/Biologische Gründe?" (F.A.Z., „Natur und Wissenschaft" vom 17. März): Die von Forschern des amerikanischen National Institute of Mental Health in Bethesda durchgeführten Untersuchungen, wonach negative Charaktereigenschaften von Kindern sich im weiteren Verlauf der Entwicklung nicht etwa verlören, sondern eher verfestigten, vermögen in ihren Resultaten den philosophisch interessierten Leser keinesfalls zu überraschen. In der bereits im Jahre 1839 vorgelegten und von der Königlich Norwegischen Sozietät der Wissenschaften zu Trondheim gekrönten „Preisschrift über die Freiheit des Willens" nahm der von der universitären und überhaupt akademischen Philosophie weitgehend vernachlässigte Arthur Schopenhauer die Ergebnisse der aus diesen Tagen stammenden amerikanischen Studie längst vorweg: „Der Charakter des Menschen ist konstant: er bleibt derselbe das ganze Leben hindurch. Unter der veränderlichen Hülle seiner Jahre, seiner Verhältnisse, selbst seiner Kenntnisse und Absichten steckt wie ein Krebs in seiner Schale der identische und eigentliche Mensch, ganz unveränderlich und immer derselbe." – „Der individuelle Charakter ist angeboren: er ist kein Werk der Kunst oder der dem Zufall unterworfenen Umstände, sondern das Werk der Natur selbst. Er offenbart sich schon im Kinde, zeigt dort im kleinen, was er künftig im großen sein wird. Daher legen bei der allergleichsten Erziehung und Umgebung zwei Kinder den grundverschiedenen Charakter aufs deutlichste an den Tag: es ist derselbe, den sie als Greise tragen werden." Es ist zu bedauern, daß das philosophische Opus dieses großen Denkers heutzutage sogar unter Gebildeten so gut wie unbekannt ist. Man liest seine Werke mit größtem Erkenntnisgewinn; seine Lehre ist von höchster Aktualität.

Gert Postel, Leipzig

An diesem Leserbrief an die Herausgeber der FAZ habe ich im Leipziger Gefängnis 10 Tage lang gearbeitet.

umgekehrt – Zastrow würde nie bei jemand anderem abschreiben).

Zastrow ist ein eigenwilliger Denker. Er hält mich für gefährlich und unverbesserlich. Er verachtet das Milieu halblinker, pflichtvergessener Richterinnen in Bremen (und anderswo), das einer Sumpfblüte des 68er Miefs wie mir so lange Unterschlupf und klammheimlichen Applaus beschert hat.

Trotzdem ist es nicht vermessen, wenn ich sage, daß ich in Zastrows Leben keine ganz unbedeutende Rolle gespielt habe und daß Zastrow mir ungewollt zu einer ganzen Menge Geldes verholfen hat.

Und das kam so: Zastrow wußte, daß Barschel unschuldig war. Es fehlten ihm nur noch die Beweise. Er kannte die Schwachstellen des ersten Untersuchungsausschußberichts, die weißen, dünnen Stellen in der Argumentation von Spiegel/SPD/Süddeutscher/etc. gegen den verführten Barschel. Ihm war klar, daß Pfeiffer viel zu schlicht gestrickt war, um all die gemeinen Telefonanrufe zu tätigen, die das Netz um den unwissenden Barschel immer enger zogen. Wer war der geheimnisvolle Dr. Wagner, wer war der große Unbekannte vom Beau Rivage? Zastrow wußte, daß ich schon seit langem Beziehungen zu Pfeiffer pflegte, denn schließlich hatte Pfeiffer ja in den 80er Jahren diese erbärmliche Biographie über mich verfaßt und in einem obskuren Verlag veröffentlicht.

Als ich Zastrow am 8. Januar 1995 in Kiel über den Weg lief, war mir sofort klar: Endlich hatte ich meinen Meister gefunden. Einen Mann, dessen intelligenter Fanatismus einfach umwerfend war. Einen Mann mit Überzeugungen, unbestechlich, keinerlei Schmeichelei zugänglich, sich insgeheim zutiefst seiner eigenen Größe bewußt. Einen, dem Bohrer und Scheel ohne Bedenken die Seiten des »Merkur« öffneten. Ein Erhabener!

Zastrow schenkte mir seine Aufmerksamkeit. Er verbrachte

mit mir einen ganzen Tag, traf sich erneut mit mir, hielt telefonischen Kontakt und schrieb schließlich den längsten und spekulativsten Artikel, den die FAZ je gedruckt hat: über mich! Zwei Seiten nur über mich! Mit einem wunderschönen Bild von mir! Es zeigt mich in bescheidener Priestertracht, wie ich Papst Johannes Paul II. die Hand schüttele.

Fakten hatte ich Zastrow bei unseren Gesprächen nur wenige geliefert, aber ich hatte ihm meine Existenz, meine Arbeitsweise nahegebracht, hatte ihm Möglichkeiten angedeutet, hatte ihm gezeigt, daß er mit meiner Person seine »weißen Stellen« zugunsten Barschels ausfüllen konnte. Ich will nicht behaupten, daß ich Zastrow etwas Falsches erzählt hätte. Dazu waren unsere Gespräche auch viel zu vage. Tatsachen hätten indes – denke ich – nur unsere gemeinsame Euphorie gestört. Und das wollten weder er noch ich.

Nun wird immer wieder behauptet, mein Trick bestehe darin, jedem stets das zu sagen, was er gerade hören wolle.

Zastrow war sich, als er sich mit mir unterhielt, dieser Problematik wohl bewußt. Als kritischer Journalist bedachte er stets seine eigene Rolle im Umgang mit mir. Was bewahrte ihn nun davor, mir auf den Leim zu gehen, sich von mir mit genehmen Andeutungen bedienen zu lassen? Ich kann natürlich nicht in die unergründlichen Tiefen des Zastrowschen Herzens hinabschauen. Aber ich glaube, es waren drei Faktoren, die ihn daran hinderten, mir einfach das zu glauben, was seinen Erwartungen entsprach:

Er kannte die innere Wahrheit im Fall Barschel a priori, so wie ein religiöser Mensch sich ja auch seinen Glauben an die in der Bibel geschilderten Wunder nicht durch kleinliche, naturwissenschaftliche Überlegungen vermasseln läßt.

Er begriff im Gespräch mit mir sehr schnell, daß ich eigentlich nicht lügen kann. Das klingt paradox bei einem Hochstapler, bei jemandem, der so viele Menschen belogen und enttäuscht hat, ist aber doch die Wahrheit. Einmal, weil Zastrow es erkannt hat, und zum anderen wegen eines komplizierten psychologischen Mechanismus:

Wenn ich hochstapele, lege ich mir ein anderes Leben, eine andere Biographie zu, verwandele mich, so gut es geht, in einen Richter, einen Oberarzt, promoviert mit Zusatzausbildung etc. Habe ich die erstrebte Position erlangt, lebe und verhalte ich mich so, als hätte ich wirklich die vorgetäuschte Biographie und Qualifikation. Ich sage folglich zu einer Ostärztin: »Bei uns im Westen hätten Sie nie die Approbation erhalten«, weil sich ein Westarzt eben so verhalten muß. Ich gehe auch freundschaftliche Beziehungen ein zu meinen Vorgesetzten, die mich gerne mögen, genieße die vertrauensvollen Gespräche mit ihnen, glaube sogar einen Moment, wirklich mit ihnen befreundet zu sein, aber doch nicht ganz, denn ich weiß zu Zeiten der schönsten Harmonie bereits, daß diese Freundschaft nicht von Dauer sein wird, daß sich der Vorgesetzte, der mir gegenwärtig so zugetan ist, irgendwann von mir abwenden wird, wenn mein Betrug auffliegt. Ich kann daher eine solche Beziehung nie wirklich genießen. Das ist der Grund, weshalb ich wenigstens die Täuschung, den Betrug, den Trick, den Coup, die Chuzpe genießen muß, die meine verabscheuungswürdigen Taten ausmachen.

Und diesen Genuß an meinen Taten kann ich nur empfinden, wenn ich ihn mit jemand anderem teile. Erst dadurch, daß ich mich als Hochstapler in jemandem spiegele, empfinde ich Genugtuung. Deshalb bin ich gegenüber dem, dem ich meine Untaten beichte, auch ganz wahrhaftig. Meine Beichtväter oder meistens Beichtmütter sind daher, ob sie es wollen oder nicht, meine Komplizen im Geiste oder besser gesagt, eine notwendige Bedingung meiner Straftaten. Ich denke, während ich, mit Haftbefehl gesucht, mich auf dem Stuttgarter Flughafen einem Bundesgrenzschutzbeamten als Staatsanwalt Dr. von Berg aus Leipzig vorstelle und ihn nach den Personen-Kontrollmechanismen kollegial befrage, schon an den entrüstet-amüsierten

Gesichtsausdruck von Zastrow, dem ich ein paar Tage später von diesem Streich berichten werde.

Man sagt das nicht gerne über sich selbst: aber eigentlich bin ich ein Nichts. Ein ehemaliger Postbote mit mittlerer Reife, der immer wieder den Akademikern zeigt, daß man nicht unbedingt studiert haben muß, um als Akademiker zu gelten. Erst die schmunzelnde Hochachtung meines Publikums nach meiner Entdeckung macht aus dem Nichts eine reale Person. Obwohl ich eigentlich nichts so sehr fürchte wie das Gefängnis, kommt es mir manchmal so vor, als ob ich die Aufdeckung meiner Untaten herbeisehne, um mich meiner Existenz als wirkliche Person zu versichern.

Den dritten Faktor – ich sprach vorher von dreien, die Zastrow es ausschließen ließen, daß ich ihn in puncto Barschel mit ihm genehmen Andeutungen bediente – habe ich vergessen. Vielleicht eine Folge meiner Mathematikschwäche.

Auf jeden Fall schlug der doppelseitige Postel/Barschel-Artikel von Zastrow in der FAZ wie eine Bombe ein. Hier wurde zum ersten Mal ein zwar etwas luftiges, aber doch plausibles Gerüst zur praktisch totalen Ehrenrettung von Barschel geliefert. Als Kandidaten für eine Reihe finsterer Machenschaften wie etwa den bislang dem Barschel-Bereich zugeschriebenen Telefonanruf bei dem Schwarzkopf-Manager präsentierte Zastrow – MICH! Daß das ein Frontalangriff auf den »Spiegel« und sein Barschel-ist-schuldig-Monopol war, lag auf der Hand.

Und so dauerte es nicht lange, bis der »Spiegel« über meinen Anwalt um ein Gespräch mit mir nachsuchte. Ich bat, zunächst in Anwesenheit meines Anwalts die Bedingungen meiner Befragung zu klären, und zwar nicht in Hamburg, wie die Herren es wünschten, sondern in Berlin, wo ich mich damals aufhielt. »Selbstverständlich«, war die Antwort. Am besten schon morgen, »wäre Ihnen das recht in unseren Räumen in der Kurfürstenstrasse?« Nicht sehr professionell, diese servile Eile. Dann noch ein Anruf: »Können wir die Unterredung

erst um 16.30 Uhr beginnen lassen? Herr Aust möchte persönlich teilnehmen, sein Flieger ist nicht früher von Hamburg da.«
Herr Aust persönlich! Nun ja, er war erst wenige Wochen Chefredakteur beim »Spiegel« und das Blatt offenbar total hektisch nach dem »Focus«-Schock.

Abgehetzt, mit gelockerter Krawatte, das Jackett wegen der Hitze über die Schulter geworfen, traf Aust schließlich ein. Wir begaben uns in einen etwas repräsentativeren Penthousetrakt, ließen uns auf weichen Sofas nieder, und nun geschah etwas Merkwürdiges: Er lächelte mich fast eine Minute, ohne etwas zu sagen, an, so von Chauvi zu Chauvi, brach schließlich in ein breites Lachen aus, steckte mich mit seinem Lachen an, und wir lachten eine weitere Minute gemeinsam. Ich weiß natürlich nicht, was dabei in Austs Kopf vorging, aber ich jedenfalls dachte: Hier sitzen wir zwei Hochstapler, der eine hat es zwar auf ehrliche Weise ohne Studienabschluß zu etwas gebracht, aber die Schuhe, die er sich jetzt gerade angezogen hat, sind ihm etwas zu groß, er muß noch mächtig improvisieren, und ich, der andere Hochstapler, ebenfalls ohne Studienabschluß, sitze immerhin hier, man will etwas von mir und ich muß auch improvisieren.

Meine Marschroute war: Nichts sagen, keine Gesprächspausen mit eigenem Geplapper füllen. Laß den erst mal kommen. Als unser Lachen verebbte, trat zunächst Stille ein. Ich konnte sie aushalten, mußte mich ja schließlich nicht als Macher gebärden, Aust aber nicht. Warum hatte er sich überhaupt zu einem Nichts auf den Weg gemacht? Er begriff das Inadäquate der Situation und versuchte es mit Ehrlichkeit: Ist ja klar, daß die Barschel-Sache für den »Spiegel« unheimlich wichtig ist. Wenn Zastrow recht hätte, dann wäre das wirklich ein Hammer. Wir wollen das ohne Scheuklappen prüfen. Ich bin ja neu hier. Ich hätte keine Scheu, wenn sich das so rausstellt, die Position des »Spiegel« zu revidieren. Aber ich muß jetzt ja sowieso für alles meinen Kopf hinhalten, dann muß ich mich in einer solchen Situation eben selbst darum kümmern. Ist einfach zu wichtig. Ich stecke nachher auch die Prügel ein … und so fort.

Ich schwieg immer noch.

Aust hub erneut an: Drei von unseren besten Sachkennern, Herr P., Herr L. und (den dritten Namen habe ich vergessen) wollen sich zwei Tage richtig mit Ihnen unterhalten, alles, was Sie sagen, genau abchecken; muß alles wahr sein, was Sie denen erzählen, das ist, das werden Sie verstehen, Bedingung. Ist ja irgendwie klar, daß wir in Ihrem Fall besonders Wert darauf legen, daß Ihre Informationen stimmen.

Ich errötete ob dieser Anzüglichkeit. Wußte Aust nicht, daß Zastrow erkannt hatte, daß ich nicht lügen kann?

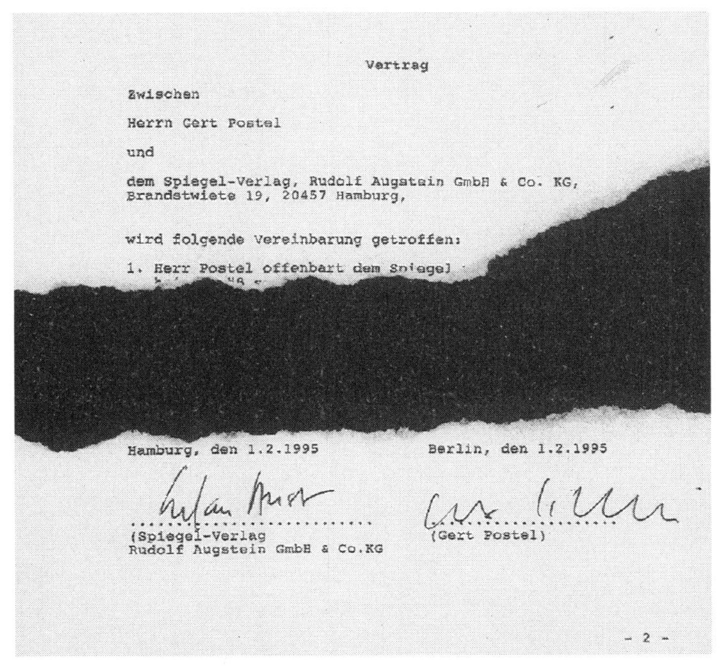
Vertrag

Zwischen

Herrn Gert Postel

und

dem Spiegel-Verlag, Rudolf Augstein GmbH & Co. KG,
Brandstwiete 19, 20457 Hamburg,

wird folgende Vereinbarung getroffen:

1. Herr Postel offenbart dem Spiegel

Hamburg, den 1.2.1995 Berlin, den 1.2.1995

(Spiegel-Verlag
Rudolf Augstein GmbH & Co.KG

(Gert Postel)

- 2 -

Ich fand, daß Austs und meine Unterschrift sich irgendwie ähnlich sahen.

Ich fragte schließlich: Können wir über die Finanzierung des Vorhabens sprechen? Klang eigentlich ganz gut, »Finanzierung«, fand ich. Irgendwie vornehm und nicht so richtig geldgierig. Außerdem hatte ich den großen Zastrow umsonst bedient, und mit meinen Finanzen stand es nicht zum besten.

Aust war klar, was mit Finanzierung gemeint war, und er war wohl auch bereit zu zahlen. Gleichwohl mußte ich mir erst einmal einen Sermon darüber anhören, daß der »Spiegel« in der Regel keine Informationshonorare zahle. Da ich schwieg, fügte er hinzu, daß es natürlich auch Ausnahmen gebe. Ich sagte, ich möchte vierzigtausend Mark in bar. Aust meinte, das sei ein großer Brocken, ob die Summe nicht etwas hoch gegriffen sei. Aus seiner vorsichtigen Antwort schloß ich, daß ich nachlegen könnte, und so sagte ich: Ich möchte die Summe im übrigen steuerfrei. Aust schluckte und meinte schließlich, dann müßten sie eben in den sauren Apfel beißen. Er unterhielt sich dann mit meinem Anwalt über die Usancen des »Spiegel«, Informationshonorare anonym zum Höchstsatz zu versteuern. Ich fand Gefallen an dem Gedanken, gegenüber Aust wenigstens den Steuerehrlichen herausgekehrt zu haben. Solche kleinen Ehrpusseligkeiten machen sich gut.

Bleibt noch hinzuzufügen, daß der »Spiegel« brav zahlte, mich zwei Tage von drei ihrer besten Faktenhuber abschöpfen ließ und schließlich einen Artikel veröffentlichte, in dem er nachzuweisen versuchte, daß auf die Zastrowschen Barschel-Postel-Theorien kein Verlaß wäre. Zastrow und mir tat das keinen Abbruch angesichts der »höheren« Wahrheit, die wir vertraten. Zastrow vermutete im übrigen, daß ich ihm noch einiges im Fall Barschel vorenthielte. Auf jeden Fall fragte er mich nahezu bei jedem unserer Treffen irgendwann einmal: Wann, Herr Postel, erzählen Sie mir endlich alles, was Sie über den Fall Barschel wissen?

Zastrows Lieblingsargument im Zusammenhang mit mir und Barschel lautete, »es kann doch wohl kein Zufall sein«, daß z.B. der Anrufer im Fall Barschel sich am Soundsovielten mit Dr. Wagner meldete, um Engholm den amtsärztlichen Aidsverdacht mitzuteilen, und daß Postel einige Zeit unter dem Namen Dr. Wagner mit einer Telefonnummer gemeldet war und außerdem Pfeiffer gut kannte. Dieses »es kann doch wohl kein Zufall sein« sollte mir im Zusammenhang mit Zastrow noch einmal begegnen, nämlich als unbewußte Handlung meines FAZ-Heroen.

Just an jenem Tage nämlich, als die Zeitungen die erneute und diesmal endgültige Einstellung des Ermittlungsverfahrens gegen Unbekannt wegen des Todes von Barschel durch schleswig-holsteinische Staatsanwälte vermelden mußten (a day of infamy for Herr Zastrow), publizierte der Mann, den ich für meinen Freund halte, in der FAZ die erste Folge seiner Artikelserie über mich und meine Beziehung zu einer angeblich pflichtvergessenen Richterin am Amtsgericht Esslingen, die meine Freundin in schwere berufliche Bedrängnis brachte und mir letztlich die Verhaftung eintrug. Zastrow hatte die Informationen zu dieser Artikelserie schon einige Zeit mit sich herumgetragen, war sogar bei zumindest einer Untat zwar nicht selbst anwesend, aber einige Zeit danach bei einer Tatortbesichtigung, hatte sogar angedeutet, daß er nicht darüber schreiben wolle, weil sein Bericht über mich nur vernichtend ausfallen könne, und hatte sich jetzt – überraschend – doch zu dieser Vernichtungsaktion entschlossen.

Wenn er geglaubt hatte, seine Beziehung zu mir mit seinen Artikeln auf eine objektive Grundlage stellen zu können, mein durch nichts begründetes Vertrauen in ihn von sich abschütteln zu können, die Intimität des Beichtvorgangs zu zerstören, dann hatte er sich getäuscht: Ich sehe Herrn Zastrow nämlich nach wie vor als meinen Freund an. Und wenn ich mal von dem indignierten Gestus absehe, mit dem Herr Zastrow (wir siezen uns natürlich) über meine Person und meine Untaten berichtet, dann kann ich ihm eigentlich auch gar nicht böse sein. Er schreibt gut über mich, damit meine ich, sein Stil gefällt mir. Er nimmt mich wirklich ernst, dafür bin ich ihm dankbar. Artikel über mich erscheinen in der FAZ mindestens auf Seite Drei, wobei man wissen muß, daß die Seite Drei der FAZ eigentlich keinen Boulevardcharakter hat und auch nicht der großen Reportage über irgendein süffiges Thema vorbehalten ist, wie in der »Süddeutschen«. Nein, hier erscheinen Beiträge, die ich mit dem Begriff politische Analyse-Reportagen umschreiben würde, also Artikel mit Tiefgang, die man nicht spontan gerne lesen möchte.

Zastrows Plazierung zeigt – so meine ich – deutlich das Paradigmatische, das er meinem Fall zumißt. Einmal, allerdings nur ein einziges Mal, erfuhr ich von Zastrow die Wohltat, mit einem Aufsatz über mich auf der Titelseite der FAZ mit ausgiebigem Umlauf auf die zweite Seite plaziert zu werden. Der Artikel (Überschrift: »Der Fall Postel beschäftigt die deutsche Justiz«) war zwar wieder nicht so richtig freundlich, aber darüber konnte ich im Hinblick auf die ausgezeichnete Positionierung hinwegsehen. Diesen subtilen Gefallen werde ich Volker Zastrow nie vergessen.

Vielleicht könnte ich ja auch mal in der berühmten Werbeserie der FAZ posieren. Ich stelle mir die Front unseres Leipziger Gefängnisses in Totalaufnahme bei Nacht vor. Alle vergitterten Fenster auf den vier Etagen sind erleuchtet. Nur in einem Fenster steht ein Gefangener (nämlich ich), und der studiert die FAZ. Als kleine Unterzeile würde ich vorschlagen: Postel liest Zastrow. Aber ich habe Zweifel, ob die Herren aus der Werbeabteilung des Societätsverlages mich überhaupt nehmen wollen, nachdem ja durch Zastrow mein höchst durchschnittlicher Intelligenzquotient und meine beschämende Mathematikschwäche allseits bekannt sind. Zu den Auswahlkriterien für die Serie gehört zwar nicht ein akademischer Abschluß (Joschka Fischer und Heinz Berggruen durften posieren), aber immerhin ein kluger Kopf. Nun gut, die Idee mit der Werbung ist ohnehin

Postel liest Zastrow.

nur eine kleine Gefängnisphantasie. Ich will wirklich nicht undankbar sein. Immerhin hat die Zeitung für die Verbreitung meines Namens in den Kreisen, die mir wichtig sind, viel getan.

Von Zastrow, den ich für meinen Freund halte, der es aber weder sein will noch wohl darf, munkelt man, er hätte Chancen, Herausgeber zu werden. In meinen Augen hätte er das verdient. Ich hoffe, daß ihm meine Unterstützung nichts schadet. Vielleicht ist er – so fürchte ich – für ein so hohes Amt zu bescheiden. 1997, als meine Verehrung für Zastrow ihren Höhepunkt erreicht hatte, bestellte ich mir die Broschüre »Sie redigieren und schreiben«, in der die FAZ-Redakteure sich biographisch darstellen. Begierig schlug ich die Seite mit Zastrows Portrait auf – aber wie groß war meine Enttäuschung! Ein obskures, leicht unscharfes Foto. Darunter ein so belangloser Lebenslauf, daß ich seine Einzelheiten vergessen habe. Ich glaube mich zu erinnern, daß er von oberhalb der Mainlinie stammt, daß er wohl irgend etwas Geisteswissenschaftliches studiert hat, daß er vielleicht vor seiner Journalistenkarriere einige Zeit bei einem regierungsnahen Forschungsinstitut verbracht hat und daß er möglicherweise verheiratet ist und ein bis zwei Kinder hat. Auf jeden Fall nichts äußerlich Dramatisches in seinem Lebenslauf, was dem inneren Feuer dieses begnadeten Journalisten entsprechen würde.

Der Prozeß

Wäre es nach mir gegangen, so hätte mein Prozeß praktisch unter Ausschluß der Öffentlichkeit, auf jeden Fall in bescheidenem Rahmen stattgefunden. Mir wäre es durchaus recht gewesen, wenn ich in einem kleinen Saal in Anwesenheit einiger schläfriger Rentner und eines Lokalreporters vor meine Richter hätte treten können. Ich legte keinen Wert darauf, fotografiert oder gar gefilmt zu werden. Das habe ich den Vorsitzenden auch mehrmals über meine Verteidiger wissen lassen. Nicht daß ich so etwa den Grundstein für neue Straftaten legen und verhindern wollte, daß aktuelle Portraitfotos von mir in Umlauf kämen, die mir eine künftige kriminelle Tätigkeit erheblich erschweren würden. Solche Gedanken waren mir angesichts meiner festen Vorsätze, nach meiner Haftentlassung ein straffreies Leben zu führen, vollkommen fremd. Mir ging es einzig darum, den Prozeß nicht zu einem Medienrummel ausarten zu lassen, dafür Sorge zu tragen, daß in der Hauptverhandlung wirklich der Angeklagte, also ich, als Mensch, der gefehlt hatte, im Mittelpunkt steht und daß meine Richter, mein Staatsanwalt und meine Verteidiger keine Fensterreden zu der versammelten Massenpresse hielten, sondern sich auf das konzentrierten, was ihnen unsere Rechtsordnung aufgab.

Leider, muß ich gestehen, bin ich mit meinem Vorhaben, meinen Prozeß dezent und bescheiden zu gestalten, vollkommen gescheitert. Meine Verteidiger ließen mir insoweit nur halbherzige Unterstützung zuteil werden. Angesichts des schmalen Salärs, das der Freistaat Sachsen ihnen als Pflichtverteidiger zahlte, sahen sie sich offenbar nur durch eine gehörige Portion Scheinwerferlicht angemessen entschädigt. Damit will ich nicht sagen, daß ich gleichsam von zwei eitlen Fatzkes verteidigt worden wäre, die mein Mandat nur deshalb übernommen hätten, um sich in der öffentlichen Aufmerksamkeit ein wenig zu sonnen. Aber es ist nun einmal eine Tatsache, daß gerade bei Strafverteidigern Idealismus und Eigennutz eng beieinander liegen und daß sich die Vertreter dieser Zunft ab einem gewissen Qualitätslevel im wesentlichen darin voneinander unterscheiden, mit welchem Grad an Eleganz sie den Dienst am Recht mit der Darbietung ihrer beeindruckenden Persönlichkeit und dem Füllen ihres Geldbeutels zu kombinieren wissen.

Wollte man eine Typologie der Strafverteidiger entwerfen, so fielen mir, der ich diesen Berufsstand auf meinen Reisen durch die Bundesrepublik immer wieder in diversen Hauptverhandlungen aufs genauste beobachten konnte, folgende Charaktere ein:

Der große Schweiger. Aus unerfindlichen Gründen hoch angesehen. Er sagt wenig, aber wenn er etwas sagt, hat es Gewicht. Sogar Banales gewinnt aus seinem Mund Bedeutung. Er reist durch die Republik und verteidigt die Elite der deutschen Wirtschaft.

Der brillante Steuerexperte, moderat und ein Meister des common sense. Er gibt sich beeindruckend bescheiden. Von den Gerichten verlangt er nie zuviel.

Der hanseatische Star, brillant und unerbittlich. Immer perfekt, aber ohne Maß.

Der exzentrische Vielfrager. Kein Prozeß unter einem Jahr. Literarische Ambitionen.

Der sensible Beziehungsspezialist. Kann sich in die Tötung des Intimpartners immer von neuem richtig gut einfühlen.

Der gutaussehende Revisionsanwalt. Geht beim BGH ein und aus. Maßvoll in seinen Ansichten, genial in seiner Technik und deshalb ungemein erfolgreich.

Der vulgäre Großverteidiger mit dem abgestandenen Pathos. Erscheint häufig nur zum ersten Verhandlungstag, um die Honneurs einzuheimsen. Hat schon bessere Tage gesehen.

Der hochintelligente Alkoholiker. Immer, wenn man ihn gerade unterschätzt, schlägt er zu.

Der linksliberale Warenterminexperte. Konvertierter Terroristenverteidiger. Hat sich seine Überzeugungen im innersten bewahrt.

Der protestantische Pfarrerssohn. Fundiertes Wissen, gediegene Schriftsätze, eine Spur zu innerlich. Neigt zu Rechthaberei.

Der Professor, ein Wissenschaftler, der den Kontakt zur Praxis sucht. Berühmt, leicht weltfremd, aber voller Charme.

Unterhalb dieser nationalen Elite residieren die Provinzfürsten, die es in ihrem Sprengel zu einem gewissen Ansehen gebracht haben, sich aber nicht dauerhaft überregional etablieren konnten. Es gibt unter ihnen recht ordentliche Verteidiger, aber man spürt schon, wie es an ihnen nagt, daß sie es nicht zu landesweiter Prominenz gebracht haben.

Aus dieser Liga kamen die beiden Herren, die mir beistanden. Dr. Fischer aus Frankfurt, mit der fundierteren juristischen Bildung, in der er sich allerdings auch manchmal verhedderte, und Herr Becker aus Berlin, ein nicht uneitler Generalist mit einigem Situationsgespür. Ich kann nicht sagen, daß ich die beiden bewundere, aber angesichts der Ebbe in meiner Kasse und der Weigerung meiner reichsten Freundin, einer Kieferchirurgin, sich an dem Verteidigerhonorar zu beteiligen, waren sie immer noch das beste, was ich bekommen konnte. Und in der Rückschau muß ich auch zugeben, daß die Qualität meiner Verteidigung für das Ergebnis des Verfahrens wahrscheinlich gar nicht ausschlaggebend war. Ich glaube nämlich, daß mein Vorsitzender Richter, ein listiger und besonnener Schwabe, ungeachtet aller von den Verteidigern vorgebrachten juristischen Finessen, von Anfang an auf das Ergebnis zusteuerte, das letztlich im Namen des Volkes auch als Urteil verkündet wurde, nämlich 4 Jahre Gefängnis und Haftfortdauer. Ich hätte mich also auch von Rechtsanwalt Freyvogel aus Grimma

1984 konnte ich mir noch einen Verteidiger mit zwei Doktortiteln leisten: Dr. h.c. Dr. h.c. Heinrich Hannover.

verteidigen lassen können, ohne daß es einen Unterschied gemacht hätte. Aber vom Unterhaltungswert, von der gesamten Präsentation her, waren die beiden mir schon adäquater.

Merkwürdigerweise sahen sich die beiden in der Vorbereitung auf den Prozeß mehrfach dazu veranlaßt, mir langatmige Moralpredigten zu halten, mich zur »Umkehr« aufzufordern, meine selbstgefällige Haltung in bezug auf meine »ärztlichen Leistungen« zu brandmarken und mich immer wieder zu ermahnen, endlich eine einigermaßen realistische Zukunftsperspektive zu entwickeln. Diese humorlosen Predigten kamen hauptsächlich von Dr. Fischer, nachdem er sich Becker als Mitverteidiger zugesellte. Solange Becker mich alleine verteidigte, gab es bei den Mandantenbesprechungen immer genügend zu lachen. Auch er verleugnete zwar nicht, ein Organ der Rechtspflege zu sein, aber er hatte nicht die Kraft angesichts des Gesprächsgegenstandes, dauernd ernst zu bleiben.

Allerdings zeigte er bei der Vorbereitung große Angst, ich könnte als unerkannter Serientäter mit negativer Zukunftsprognose in Sicherungsverwahrung genommen, also auf unbestimmte Zeit weggeschlossen werden. Ich teilte zwar diese Sorge zunächst nicht, stimmte jedoch schließlich seinem Vorschlag zu, Dr. Fischer hinzuzuziehen, sozusagen als Rechtsexperten und als sachliche Versicherung gegen Beckers Ängste. Becker war es auch, der mir als Zielvorgabe für den Prozeß einredete, es gelte in erster Linie die Sicherungsverwahrung zu vermeiden. Dafür müsse man auch bereit sein, eine etwas höhere Freiheitsstrafe in Kauf zu nehmen. An eine Schmunzelverteidigung, wie vor 15 Jahren in Flensburg, sei ohnehin nicht zu denken. Vermutlich stand die gefürchtete Maßregel weder bei der Staatsanwaltschaft noch bei dem Leipziger Gericht je zur Debatte. Nicht unwahrscheinlich, daß meine famosen Verteidiger vor lauter Angst nicht einmal sauber geprüft hatten, ob die formellen Voraussetzungen dafür überhaupt vorlagen. Auf jeden Fall schafften sie es mit ihrem ständigen Gerede von der drohenden Sicherungsverwahrung, mir das wirklich bescheidene Ergebnis des Prozesses, zumindest vorübergehend, auch noch als Erfolg zu verkaufen. Die Institution des Verteidigers als Schmiermittel im Justizgetriebe ist wahrlich nicht zu unterschätzen.

Der Prozeß war irgendwie eine Farce. Nicht daß wir etwa das exakte Ergebnis schon vorher gekannt und uns mit dem Gericht und der Staatsanwaltschaft vorher geeinigt hätten, wie die große Gisela Friedrichsen im »Spiegel« vermutete. Derartige Abreden gab es nicht. Aber wir kannten ungefähr den Korridor, in dem das Gericht eine gerechte Strafe finden wollte. Dieser Korridor war ziemlich eng. Er reichte von 3 Jahren 6 Monaten Gefängnis bis zu 4 Jahren 6 Monaten. Die Gerechtigkeit des Urteils bestand darin, eine salomonische Entscheidung genau in der Mitte des Korridors zu finden, sozusagen den goldenen Schnitt im Strafmaß. Nun ist natürlich allgemein anerkannt, daß jede Strafzumessungsentscheidung ihre irrationalen Elemente in sich birgt, weil es mit Verstandesüberlegungen überhaupt nicht zu rechtfertigen ist, weshalb man anstelle von 3 Jahren 11 Monaten jetzt zum Beispiel 4 Jahre 1 Monat verhängt. Diese Differenz von zwei Monaten gehört in den Bereich, wo der Tatsachenrichter aus dem Bauch heraus entscheiden darf, ohne daß ihm irgendeine Berufungsinstanz ernsthaft hineinreden könnte.

In Leipzig war mein Prozeß »Berichtssache«. Mein Staatsanwalt, der »Hoffnungsträger«, mußte alles Wichtige einschließlich seines Strafantrages über den Generalstaatsanwalt dem Justizministerium berichten. Was für ein Glück, daß Stefan Heitmann nicht Bundespräsident geworden war. So bekam er Gelegenheit, zu diesem eminent wichtigen Prozeß seine sicherlich sehr interessante Meinung zu sagen. Wahrscheinlich wissen die wenigsten meiner Leser noch, wer Herr Heitmann ist. Das war dieser großartige Mensch aus dem Osten, der sich über alle Probleme seine ganz eigenen, originellen Gedanken machte und dabei natürlich unentwegt aneckte, bis Kohl ihn fallen ließ. Dieser Herr Heitmann sah so ein bißchen wie ein spindeldürrer Landsknecht aus dem Bauernkrieg aus. Protestant natürlich. Ein typisches Exemplar der mißverstandenen, ostdeutschen Neubourgeoisie. Mir gefiel der aufrechte Mann mit den eigenwilligen, gar nicht neuen Gedanken. Ich habe eine Schwäche für solche Ressentimentträger. Vielleicht habe ich es ihm zu verdanken, daß die Staatsanwaltschaft auf ihre in den Vorgesprächen geäußerten Strafwünsche von 4 Jahren 6 Monaten schlußendlich in ihrem Plädoyer noch mal zwei Monate drauflegte, sozusagen als ethisches I-Tüpfelchen.

Aber zurück zu meinem Konzept des bescheidenen Prozesses abseits der Öffentlichkeit, das mir so gründlich mißriet. Für die Hauptverhandlung hatten sich 64 Journalisten akkreditieren lassen, mehr als für den Reichstagsbrandprozeß gegen van der Lubbe, Dimitroff und Torgler, der vor 65 Jahren direkt gegenüber im Reichsgericht stattfand, wie der Leipziger Justizsprecher kundig zu vermelden wußte.

Unter den Journalisten – so wurde mir hintertragen – habe es hinter den Kulissen ein heftiges Gerangel um die besten Plätze im Zuschauerraum gegeben. Wie hatte es beispielsweise die große Gisela Friedrichsen nur geschafft, den Idealsitz reserviert zu bekommen, von dem aus sie mich im Halbprofil betrachten konnte und der sich doch gleichzeitig in Flüsterweite zu dem von ihr so geschätzten psychiatrischen Sachverständigen Prof. Dr. Leygraf befand? Und wie konnte es die ebenso große Edith Kohn (früher »Pflasterstrand«, zu Prozeßzeiten »Stern«, heutzutage »Welt«) verwinden, daß sie als Vizekönigin der Gerichtsreporterinnen nur eine Sitzposition ergattern hatte, von der aus sich lediglich mein Profil, also die Hälfte meines Gesichtes und damit auch nur die Hälfte meines hochinteressanten Mienenspiels beobachten ließ? Warum mußte der große Jacob Augstein mit einer halben Stunde Verspätung den Sitzungssaal mit einem kleinen Rucksack aus US-Flaggentuch auf dem Rücken betreten?

Und warum blieb der für die journalistische Hauptfigur des Verfahrens, für Volker Zastrow von der FAZ reservierte Stuhl während des ganzen Prozesses leer? Vornehm und bedeutsam war das Fernbleiben von Zastrow allemal. Er, der Allwissende, konnte gerade mit seiner Abwesenheit eindrucksvoll zum Ausdruck bringen, daß er von dem Prozeß keine Neuigkeiten erwartete. Demonstrativ schickte er einen unscheinbaren FAZ-Jüngling, der eigentlich über einen ausgezeichneten, aber leider unbekannten Romancier aus den baltischen Staaten arbeitete, als Beobachter nach Leipzig. Ich war über Zastrows unentschuldigtes Fehlen zutiefst enttäuscht. Womit hatte ich diesen Affront verdient? Schließlich hatte er mir versprochen zu kommen, mir in dieser meiner schwersten Stunde beizustehen. »Ein Zastrow steht nicht bei, ein Zastrow berichtet«, würde er wahrscheinlich erwidern.

»Beigestanden« im wahrsten Sinne des Wortes haben mir allerdings die Fernsehkameraleute und Fotografen zu Beginn des Prozesses. Als ich in den großen Leipziger Schwurgerichtssaal hereingeführt wurde, stürzte sich eine riesige Horde wildgewordener Männer mit ihren elektronischen Apparaten buchstäblich auf mich. Gleißendes Scheinwerferlicht blendete mich mit einer Intensität, gegen die ein Verhör unter den üblichen KGB-Bedingungen eine wahre Erholung sein muß. Erst seit ich diese aggressive Meute erlebt habe, kann ich verstehen, warum Dianas Chauffeur derart massiv gegen die Pariser Geschwindigkeitsbegrenzungen verstoßen hat. Sie benahmen sich wie Jäger, ohne Achtung vor der Würde des Gerichts, oder gar vor der hinter dem Vorsitzendenstuhl nach amerikanischem Vorbild aufgepflanzten Flagge des Freistaats Sachsen, ganz zu schweigen von meinen Persönlichkeitsrechten. Hemmungslos bestiegen sie, um einen noch originelleren Blickwinkel auf mich zu gewinnen, die ehrwürdigen Tische, an denen sonst die Organe der Rechtspflege ihrer Pflicht nachgehen. Den Vogel schoß ein schmächtiger, abgerissener Reporter von Spiegel TV ab, der, während die Fotoapparate klickten, die Kameras surrten und die tausend künstlichen Sonnen mich blendeten, hektisch von der Seite immer wieder auf mich einschrie: »Herr Postel, warum quälen Sie Frauen? Herr Postel, warum quälen Sie Frauen? Herr Postel, warum quälen Sie Frauen?«

Meine Verteidiger hatten sich zu meinem Schutze vor den medialen Bedrängern mir zur Seite gestellt, was für sie den angenehmen Nebeneffekt hatte, mit mir zusammen abgelichtet zu werden. Sie raunten mir zusammenhangslose Sätze ins Ohr, als ob sie mich während dieses Blitzlichtgewitters auch noch juristisch beraten wollten. Das Ganze hatte wenig Würde. Ich grinste etwas blöde und, wie ich nachher feststellen mußte, sogar etwas selbstgefällig in die Kameras. Ich dachte damals, Grinsen ist immer noch besser, als wie ein Triebtäter sich ein Aktenstück oder eine Zeitung vors Gesicht zu halten und dann mit dieser ängstlichen Geste abgelichtet zu werden.

Niemand hatte in dem ganzen Trubel bemerkt, daß das Gericht inzwischen den Saal betreten und auf seinen Sesseln Platz genommen hatte. Als endlich langsam nacheinander die einzelnen Scheinwerfer erloschen, sagte der Vorsitzende ganz ruhig, fast etwas schüchtern: Wir würden jetzt gerne mit der Hauptverhandlung beginnen. Sofort durften wir einen neuen Aufgang der Scheinwerfersonnen, diesmal auf die Strafkammer gerichtet, erleben. Geblendet starrten die überwiegend bebrillten Richter in die Kameras. Soviel Aufmerksamkeit hatten sie wohl noch nie genossen. Das Interesse galt anscheinend auch nicht ganz abstrakt ihren Personen, sondern war, ebenso wie gegenüber meinen Anwälten, von meinem Fall abgeleitet. Während man sie ablichtete, lächelten sie nicht. Eine gewisse Demut lag in ihren Gesichtern. Vielleicht dachten sie darüber nach, daß die Pressefreiheit ein wichtiger Bestandteil der Demokratie sei und daß man sie deshalb auch in ihren extremen Auswüchsen ertragen müsse, gerade in Leipzig. Schließlich sagte der Vorsitzende mit ähnlich sicherem Zeitgespür, wie es ein Parlamentspräsident aufbringt, wenn er nach Ablauf einer Schweige-»Minute« bei einer Trauerfeier die Abgeordneten sich wieder zu setzen bittet, jetzt sei es ja wohl genug und jetzt bitte er das Fotografieren bis zur Urteilsverkündung im Gerichtssaal einzustellen. Die Fotografen und Kameraleute gehorchten ohne Zögern. Sie schienen irgendwie erleichtert, daß ihnen jemand sagte, daß sie ihr hektisches Treiben einstellen dürften. Auch Kinder sind manchmal ganz dankbar, wenn man ihnen nach heftigem Toben plötzlich Grenzen setzt.

Mir war von dem Blitzlichtgewitter noch ganz schwindelig, so daß ich die ersten Stunden des Prozesses nur ganz schemen-

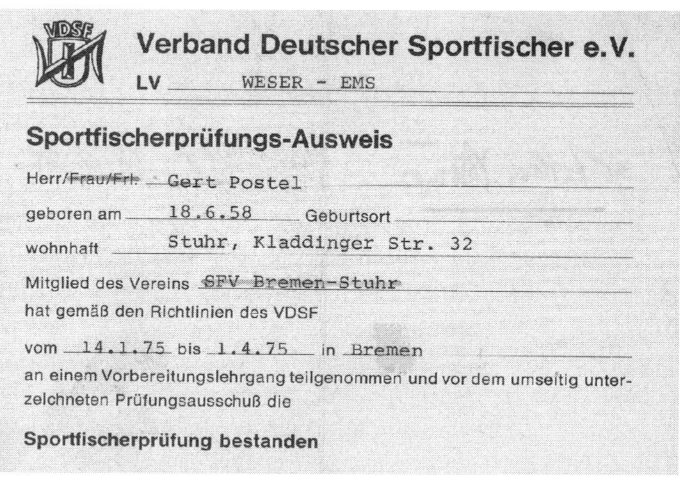
Verband Deutscher Sportfischer e.V.
LV WESER - EMS

Sportfischerprüfungs-Ausweis

Herr/~~Frau/Frl.~~ Gert Postel

geboren am 18.6.58 Geburtsort

wohnhaft Stuhr, Kladdinger Str. 32

Mitglied des Vereins SFV Bremen-Stuhr
hat gemäß den Richtlinien des VDSF

vom 14.1.75 bis 1.4.75 in Bremen
an einem Vorbereitungslehrgang teilgenommen und vor dem umseitig unterzeichneten Prüfungsausschuß die

Sportfischerprüfung bestanden

Eine der wenigen Prüfungen, die ich ehrlich bestanden habe.

haft miterlebt habe. Ich weiß nur noch, daß ich nach meinen Personalien gefragt wurde und wie in Trance als Beruf Postschaffner und als Wohnort die JVA Leipzig angab, obwohl ich ja schon seit geraumer Zeit bei meiner geliebten Roswitha in Böblingen polizeilich gemeldet war. Meinen Richtern war das aus der Kontrolle unserer täglich gewechselten Liebesbriefe wohlbekannt. Sie waren aber mit meinen Anwälten übereingekommen, die Existenz Roswithas vor der gierigen Massenpresse geheimzuhalten. Die Verlesung der Anklageschriften aus Leipzig und Berlin ließ ich stoisch über mich ergehen. Mein Staatsanwalt, der Hoffnungsträger, leierte die Beschreibung meiner Untaten und ihre juristische Einordnung mit tonloser, leicht hastiger Stimme und ohne jede rhetorische Finesse herunter, so daß nicht nur er froh war, als er schließlich zum Ende kam.

An der Anklage stimmte so ziemlich alles, zumindest was die Fakten anging. Man hätte sich die Sache also leicht machen und erklären können: Ja, es ist wahr, was mir vorgeworfen wird. Ich bin kein Arzt. Ich habe meine Zeugnisse gefälscht. Ich habe als Oberarzt gearbeitet. Ich habe 200.000 Mark Gehalt bekommen und ich habe 36 Gutachten für sächsische Gerichte erstellt. Ich bitte um Bestrafung. Dann wären wir nach einer Stunde fertig gewesen. Einen so schnellen Prozeß wünschte jedoch keiner der Verfahrensbeteiligten. Staatsanwaltschaft und Gericht war sehr daran gelegen, den Eindruck zu vermeiden, hier werde etwas unter den Teppich gekehrt. Andererseits waren der Vorsitzende, selbst ein ehemaliger Oberstaatsanwalt, und der Anklagevertreter, die sich in der Öffentlichkeit übrigens höchst künstlich siezten, auch wiederum nicht daran interessiert, jede Peinlichkeit, die sich im Zusammenhang mit mir im Sozialministerium und bei der Justiz ereignet hatte, in aller Breite auszuwalzen. Man wünschte sich einen Verfahrensablauf, der sich wohl am besten mit der Metapher »gebremster Schaum« umschreiben ließe.

Meine Verteidiger wiederum verfolgten das Konzept, ich solle mich zu Anfang nicht zu den Anklagevorwürfen einlassen, man wolle erst die beiden Zeugen Dr. Gutfreund, meinen Chef aus Zschadraß, und den Ministeriumsvertreter Blechen hören, und erst, wenn dann eine gewisse Peinlichkeitsschwelle erreicht sei, solle ich zu aller Erlösung ein wohlformuliertes Geständnis ablegen. Sie wollten nämlich zeigen, daß man mir das Betrügen ungewöhnlich leicht gemacht habe und daß deshalb entgegen der Anklage kein besonders schwerer Fall des Betruges gegeben sei. Diese Masche hatten sie sich von dem Prozeß gegen den Baulöwen Jürgen Schneider abgeguckt, wo die Vertreter der Deutschen Bank so lange als oberflächliche Hasardeure vorgeführt worden waren, bis auch dem letzten Zuhörer klar war, daß es den Biedermann Schneider wenig kriminelle Raffinesse gekostet haben dürfte, bei diesen Herren immer wieder mehrstellige Millionenbeträge locker zu machen. Letztlich wollten auch meine Anwälte den Prozeß nicht ins Unermeßliche ausdehnen, sie agierten in Leipzig schließlich auf der Basis von 360 DM pro Tag, und es war ja auch abzusehen, daß das Medieninteresse bei einem sich hinziehenden Verfahren relativ bald abflauen würde.

Wir verbrachten den Vormittag des ersten Prozeßtages mit der Verlesung irgendwelcher Urkunden und mit höchst bedenkenswerten Einwendungen des Dr. Fischer, der dem Gericht beispielsweise klarzumachen versuchte, daß ich, als ich als Sachverständiger beim Landgericht Dresden in der Hauptverhandlung angegeben hatte, ich sei Arzt von Beruf, kein Aussagedelikt begangen hätte, weil Arzt ja mein tatsächlich ausgeübter Beruf gewesen sei, und ich ja schließlich nicht danach gefragt worden sei, ob ich diesen Beruf auch zu Recht ausübte. Der Vorsitzende hörte sich Dr. Fischers rabulistische Kunststücke mit vergnügtem Interesse an, weil er offenbar sonst mit derartigen juristischen Soufflés in Leipzig nicht verwöhnt wurde und weil er natürlich als Schwabe wußte, wie schnell man beispielsweise einen gelungenen Käseauflauf auch wieder zum Zusammensinken bringen kann. Er wolle darüber nachdenken, beschied er höflich und verschmitzt meinen brillanten Verteidiger. Als sich die von der Verteidigung vorgebrachten Bedenken gegen einige nebensächliche Anklagepunkte häuften, wurde der Staatsanwalt unruhig. Würden ihm die Anwälte sein schönes Gebäude nach und nach zerstören, die Anklage derart zusammenstutzen, daß letztlich nicht genügend übrig bliebe, um das von ihm in Aussicht genommene Strafmaß rechtfertigen zu können? Er wurde richtig maulig und drohte mit irgend etwas, die Sitzung wurde unterbrochen, die Anwälte redeten begütigend auf ihn ein, man schloß irgendwelche Kompromisse, versicherte sich wechselseitig, daß man sich nicht über den Tisch ziehen wolle, und setzte einigermaßen versöhnt die Hauptverhandlung fort.

Der Vorsitzende nahm diese kleinen Scharmützel gelassen zur Kenntnis. Ihm war klar, daß die Hakeleien zwischen Verteidigung und Anklage im wesentlichen auf sozialen Problemen beruhten, weil der Staatsanwalt, der Hoffnungsträger, sich angesichts des juristischen Wirbels, den Dr. Fischer entfaltete, als Underdog vorkam und dabei übersah, daß es sich letztlich bei den Pirouetten der Verteidiger um Scheinaktivitäten handelte, die keineswegs dazu führen mußten, daß sich am Strafmaß letztlich etwas ändern würde. Ich beobachtete das Agieren meiner Anwälte mit Wohlwollen. Sie machten ihre Sache wirklich recht nett und ließen den Staatsanwalt ziemlich unbeholfen aussehen. Mir war schon klar, daß ich letztlich und nicht sehr milde verurteilt würde. Aber es ging ja auch darum, ein gewisses Niveau zu demonstrieren.

Menschlich schwierig wurde es für mich erst nachmittags, als Dr. Gutfreund auftrat. Dieser Mann war wirklich gut zu mir gewesen. Er hatte mich geliebt wie seinen eigenen Sohn, sofern er einen hatte. Ich wiederum hatte in ihm zeitweilig einen zweiten Vater gesehen, in dessen Gesellschaft ich mich stets wohlgefühlt hatte und der für mein Selbstbewußtsein mehr getan hatte als jeder andere, mit Ausnahme vielleicht von Volker Zastrow. Diesem gütigen Pfeifenraucher hätte ich jetzt eigentlich wie ein verlorener Sohn zu Füßen fallen und ihn um Verzeihung bitten müssen. Wahrscheinlich hätte er, wie in der Bibel, sofort für mich ein Lamm geschlachtet und das eifersüchtige Ministerium darüber belehrt, daß ihm ein reuiger Postel mehr wert sei als tausend solide Ministerialdirigenten mit Bausparverträgen und Persilscheinen von der Gauck-Behörde.

Aber stattdessen mußte ich mich in eine, von meinen Anwälten und der Presse vorgegebene, Choreographie einfügen, die es mir verbot, den Regungen meines Herzens nachzugeben. Dr. Gutfreund sollte vorgeführt werden als inkompetenter Klinikchef, der einem durchschnittlich begabten Postboten anderthalb Jahre auf den Leim gegangen war. Ich sollte unbeteiligt zuschauen, wie dieser Heilige der Lächerlichkeit preisgegeben wurde. Das bißchen, was ich noch an Anstand in mir hatte, sträubte sich gegen dieses Vorhaben. Aber genauso, wie bei jenen, die seinerzeit in die innere Emigration gingen, war mein Widerstand gegen das, was nun geschehen sollte, von außen nicht erkennbar.

Dr. Gutfreund betrat den vollbesetzten Saal, seine Pfeifentasche in der Hand. Unsicher schritt er zwischen den herzlosen Gaffern zu seiner Schlachtbank, dem Zeugentisch. Er schien mir um Jahre gealtert. Sein Gesicht wirkte fahl. Seine zufriedene Gelassenheit war verflogen. Beim Hinsetzen schenkte er mir einen verstohlenen Blick, wie mir schien, voller Verzweiflung. Bat er um Schonung? Da saß nun der Mann, in dessen Dienstzimmer ich so viele schöne und lehrreiche Stunden verbracht hatte, und berichtete über etwas Dummes, was ihm passiert war:

Also wie er den Herrn Postel kennengelernt habe, das wußte er zunächst nicht so genau. War es im Ministerium oder war er schon vorher bei ihm in Zschadraß? Ach ja, da hatte ja ein Professor von Berg angerufen und ihn empfohlen.

(Was mich ziemlich verletzte, war die Lieblosigkeit, mit der er meine Streiche erzählte. All die schönen Details waren ihm einfach entfallen.)

Und er hatte ja hervorragende Zeugnisse und er war ja Facharzt für … und er besaß ja auch den Zusatztitel. Der andere Bewerber, der konnte ja nicht mal ordentlich Deutsch. Wissen Sie, es gibt nicht viele qualifizierte Ärzte, die freiwillig nach Ostdeutschland gehen.

(Warum tat er jetzt bloß so, als ob er und das Ministerium sich einfach für das kleinere Übel entschieden hätten, sozusagen für den Einäugigen unter den Blinden? Konnte er nicht einfach zugeben, daß er schlicht von mir begeistert gewesen war, daß ich ihm damals wie ein Geschenk des Himmels erschienen war?)

Eigentlich suchten wir ja einen für den Maßregelvollzug. War das in der Ausschreibung überhaupt gesagt worden? Ja, wir suchten aber jemand für den Maßregelvollzug. Aber die

Oberarzt-Stelle war doch auf Dauer angelegt und der Maßregelvollzug in Zschadraß sollte ja bloß abgewickelt, nach einem halben Jahr aus Zschadraß ganz verlegt werden? Ich bleibe dabei. Wir suchten jemand, der organisieren kann. Später sollte er ja die psychiatrische Tagesklinik aufbauen. Organisieren war die Stärke von Herrn Postel. Ja, das muß man sagen.

(Jetzt kam diese lächerliche Maßregelvollzugs-Organisations-Arie. So ein Unsinn. Wer von uns Ärzten interessierte sich schon für die psychisch kranken Straftäter? Jene Säufer, die erst mit 4 Promille im Blut es wagten, ihre Frau umzubringen. Organisation? Sicher sollte er sein, der Maßregelvollzug, alles gut abgeschlossen, verläßliche Gitter an den Fenstern etc. Keine modischen Therapiesentimentalitäten! Warum erzählte Gutfreund nicht, daß ich mich im Maßregelvollzug so gut wie nie blicken ließ?)

Medizinisch hat er sich immer stark abgesichert. Er war zwar auch für rein psychiatrische Stationen zuständig, aber da hatten wir ja hervorragende Stationsärzte. War da wirklich alles in Ordnung? Gab es nicht auch Mißstände, einen Stationsarzt, der durch die Pyjamahose spritzte? Davon habe ich gehört. Es ist ein unbewiesenes Gerücht.

(Meine Enttäuschung über Dr. Gutfreund wuchs. Hatten wir an derselben Klinik gearbeitet? Was war mit seinen ständigen Klagen über seine Mitarbeiter?)

Warum ich Postel so eine gute Zwischenbeurteilung gab? Nun ja, er war zu Anfang sehr tüchtig. Da er bei Medikationen und anderen ärztlichen Entscheidungen immer um Rat fragte, galt er als kollegial und konnte mangelnde Fachkenntnisse verdecken. Später ist er menschlich mit einigen Mitarbeitern herrisch und ungeschickt gewesen. Ich mußte eingreifen. Und so fort …

(Dr. Gutfreund, es reicht mir! Sie haben mich in meinen Leistungen immer als »erheblich über dem Durchschnitt« eingeschätzt. Das wollen Sie jetzt einfach nicht mehr wahrhaben.)

SÄCHSISCHES KRANKENHAUS
ZSCHADRASS

Verwaltung

Im Park 15a
04678 Zschadraß
Telefon Colditz 034381/7403
Fax 034381/7500

Sachbearbeitung:

Vertraulich behandeln!

Dienstliche Beurteilung – Probezeitbeurteilung

I. Personalangaben

Familienname, Vorname Dr. Postel, Gerd			**Geburtsdatum** 18. 6. 1958
Abteilung/Station Psychiatrie			**Teilzeitbeschäftigt** [ ] ja [X] nein
Beurteilungszeitraum	von	15. 11. 1995	bis
Beendigung der Probezeit:		14. 5. 1996	

*)
13 bis 15 Punkte = übertrifft die Anforderungen in besonderem Maße;
10 bis 12 Punkte = übertrifft die Anforderungen;
7 bis 9 Punkte = entspricht den Anforderungen;
4 bis 6 Punkte = entspricht nur eingeschränkt den Anforderungen
0 bis 3 Punkte = entspricht nicht den Anforderungen.

3. Gesamtnote der Leistungsbeurteilung

Festsetzung der Gesamtnote	11.74

2. Bewertung der Leistungsmerkmale

Leistungsmerkmale und Einzelmerkmale (Nichtzutreffende Merkmale streichen)	Punkte *)	Ggf. Begründung
2.1. Arbeitsmenge	11	
2.2. Arbeitsweise	12	
zu beurteilen sind:		
- Eigenständigkeit	[13]	
- Zusammenarbeit	[12]	
- Bürgerfreundliches Verhalten	[10]	
- Arbeitsplanung	[12]	
- Arbeitserledigung	[13]	
2.3. Arbeitsgüte	12.14	
zu beurteilen sind:		
- Beachten von Vorschriften	[13]	
- Zweckmäßigkeit des Handelns	[12]	
- Beachten von Zusammenhängen und Prioritäten	[13]	
- Termingerechtigkeit	[12]	
- Formgerechtigkeit	[11]	
- Wirtschaftlichkeit	[11]	
- Gestaltungsspielraum	[13]	
2.4. Führungsverhalten		
- Bewertung nur bei Wahrnehmung von Führungsaufgaben	11.8	
zu beurteilen sind:		
- Organisation	[12]	
- Information	[12]	
- Förderung der Selbständigkeit	[13]	
- Anleitung und Aufsicht	[13]	
- Motivierung und Konfliktbereinigung	[10]	
- Förderung	[9]	

III. Gesamturteil

Die Mitarbeiterin / Der Mitarbeiter hat sich insgesamt in der bisherigen Probezeit

[X] überdurchschnittlich bewährt [ ] bewährt

[ ] nicht bewährt [ ] Die Bewährung kann noch nicht abschließend festgelegt werden.

[ ] Das Arbeitsverhältnis soll innerhalb der Probezeit fristgerecht gekündigt werden.

[ ] Die Probezeit wird beendet, der Mitarbeiter soll ohne Vorbehalt weiterbeschäftigt werden.

Mein »bürgerfreundliches Verhalten« ließ zu wünschen übrig. Gleichwohl hatte ich mich nach der Einschätzung meiner Vorgesetzten »überdurchschnittlich bewährt«.

In meinen Augen war Dr. Gutfreund vor allem feige. Daß er außerdem auch noch raffiniert und gemein sein konnte, sollte ich am Ende seiner Befragung erfahren.

Mein Verteidiger Becker fragte ihn nämlich recht suggestiv: Sagen Sie, Dr. Gutfreund, sind Sie nicht vor allem persönlich enttäuscht über Herrn Postel? Sie hatten doch ein so gutes Verhältnis zu ihm und er hat Sie doch so schmählich hintergangen!

Gutfreund roch den Braten und parierte mit einer Antwort, die meine volle Hochachtung verdiente: »Wissen Sie, Herr Verteidiger«, sagte er, »ich persönlich bin nicht enttäuscht. Das wirklich Schlimme ist die Enttäuschung, die Herr Postel bei unseren Patienten hinterlassen hat. Ich meine den Vertrauensverlust bei unseren psychisch Kranken.«

Das war einfach großartig: So mit pastoraler Stimme ganz nebenbei dem Verteidiger zu einem Eigentor zu verhelfen und gleichzeitig einen derart pathetischen Abgang zu finden. Ich hatte Dr. Gutfreund unterschätzt!

Hocherhobenen Hauptes verließ er unvereidigt den Saal. »Der Vertrauensverlust bei den Patienten« sollte von da ab zum Leitmotiv der Anklage werden. Ein feiner Spruch, real nicht belegbar und im übrigen auch falsch, geht er doch von der Annahme aus, die zwangsweise in der Psychiatrie Untergebrachten hätten per se Vertrauen zu ihren Ärzten. Das Gegenteil ist nach meinen Erfahrungen der Fall. Die Patienten fürchten die Ärzte, trauen ihnen das Schlimmste zu, wenn sie mit aufgezogenen, leicht tröpfelnden Spritzen sich ihnen lächelnd nähern und dabei sinnlos beruhigende Worte von sich geben, bevor sie zustechen.

Heute sehe ich Gutfreunds Auftritt in einem ganz anderen Licht. Ich glaube, er wollte zwar einerseits sich selbst schützen, andererseits aber stellte seine Aussage den delikaten und sensiblen Versuch dar, mir die Ablösung von ihm zu erleichtern. Um mich nicht zu stark meinen selbstzerstörerischen Kräften auszusetzen, brachte er es über sich, seine Worte so zu wählen, daß sich meine Wut auf ihn richten und ich dadurch endlich genügend Trennungsenergie ansammeln konnte, um die längst fällige Zerstörung des Gutfreund-Heiligenbildes, das ich in mir trug, zu vollbringen.

Blechen, mein Förderer aus dem Ministerium, war der Zeuge des zweiten Tages. Er hatte sich etwas vorbereitet und bot zunächst ein Beispiel seiner ministeriellen Vortragskunst. Ganze Sätze, präzise Formulierungen, schwammiger Inhalt. Als mein Verteidiger Becker begann, mit ihm die Geschichte meiner Beförderung nach Arnsdorff aufzuarbeiten, stellten sich bei dem hochqualifizierten Mann Erinnerungslücken ein. Insbesondere konnte er sich partout nicht den Inhalt der Minister- und später der Kabinettsvorlage ins Gedächtnis rufen, die er selbst verfaßt hatte und in der er den Vorschlag, mich zum Chefarzt zu bestellen, begründet hatte.

Mein Verteidiger, den die plötzlichen Ausfallerscheinungen bei diesem hervorragenden Mann mit Sorge erfüllten, nicht zuletzt im Hinblick auf eine mögliche Vereidigung, kam schließlich auf die Idee zu fragen, ob sich die Unterlagen nicht vielleicht in der dicken Aktentasche befänden, die Blechen mit in den Gerichtssaal geschleppt hatte. Blechen, der sich nunmehr sichtlich ungemütlich fühlte, blickte hilfesuchend zum Vorsitzenden. Als ihm dieser jedoch ebenfalls nicht aus der Klemme half, räumte er schließlich ein, daß sich die begehrten Unterlagen in dem ledernen Aktenbehältnis befanden, welches gerade mal einen halben Meter von seinem Stuhl entfernt am Boden stand. Die Vermutung meines Verteidigers, daß sich Ministerialbeamte auch bei auswärtigen Terminen nur ungern von relevanten Akten trennen, hatte sich also bestätigt.

Nicht fern lag im übrigen auch die Annahme, daß der mächtige Beamte die Akten nicht nur mit in den Gerichtssaal gebracht, sondern sie auch zur Vorbereitung seiner Vernehmung noch einmal gelesen hatte. Um so bedenklicher waren natürlich die gerade bekundeten schlechten Gedächtnisleistungen.

Human, wie mein Verteidiger nun einmal war, wollte er allerdings die Dinge nicht auf die Spitze treiben und bat daher den Vorsitzenden, doch eine zehnminütige Pause einzulegen, damit der Zeuge Gelegenheit habe, anhand der mitgebrachten Akten sein Gedächtnis aufzufrischen. Diesem Vorschlag zur Güte wollte sich niemand verschließen, und so konnte Blechen kurz darauf mit neuem Aktenwissen seine peinlichen Bekundungen fortsetzen. Er durfte zum Beispiel auch berichten, daß eigentlich mit der Chefarztstelle in Arnsdorff, die er mir zugedacht hatte, auch noch eine Professur für forensische Psychiatrie an der TU Dresden verbunden war.

Nur ein einziges Mal zeigte er richtige Emotionen, nämlich als meine Verteidiger ihn fragten, ob ich ihn gebeten hätte, für meine Aufnahme in die CDU als Bürge zu fungieren. Parteizugehörigkeiten würden bei Stellenbesetzungen im Ministerium nicht die geringste Rolle spielen und das mit der CDU sei reine »Privatsache«, erklärte er, sichtlich an sich haltend ob der gemeinen Unterstellung, die er in der unschuldigen Frage meines Verteidigers vermutete. Blechens Zeugenaussage fand in der lokalen Presse am darauffolgenden Tage einen Widerhall, der dem sympathischen sächsischen Sozialminister nicht gefallen haben dürfte.

Am dritten Tage sagte endlich der Angeklagte aus. Nach unserem Drehbuch war nämlich inzwischen die angepeilte Peinlichkeitsmarke erreicht. Ich war gut vorbereitet, gelassen, seriös. Meine Verteidiger hatten mir eingeschärft, mich ja nicht in die Enge treiben zu lassen. Sie wußten, daß ich in gefährlichen Situationen leicht zur Hektik neige, die Lautstärke meiner Stimme nicht mehr kontrollieren kann und mich manchmal auch etwas im Ausdruck vergreife. Diesmal behielt ich mich vollkommen in der Hand. Manche fanden nachher sogar, daß ich zu perfekt, fast ein wenig glatt gewirkt hätte. Sogar eine leicht gemeine Frage meines Staatsanwalts, die er sich von Justizkollegen, die auf der Tribüne zuhörten, mittels eines Zettels hatte soufflieren lassen, parierte ich so geschickt, daß ihm die Lust am Nachbohren verging. Ob mein Staatsanwalt gar nichts von der Existenz des »Kolonialklubs« wußte, jener klandestinen Vereinigung von Westjuristen und anderen Justizmitarbeitern, wie zum Beispiel mir, die sich einmal im Monat im Hinterzimmer einer Leipziger Gaststätte trafen unter der Bedingung, von einer Westbedienung serviert zu bekommen und ungestört über die Ostler herziehen zu können? Über das Wirken dieses Clubs hatte ich noch nie berichtet, obwohl ich nicht selten die monatliche Zeche zahlen durfte, was mir insbesondere deshalb nicht allzu schwer fiel, weil einige richterliche Mitglieder des Clubs mich absolut rührend mit einträglichen Gutachtenaufträgen versorgten. Überhaupt muß ich sagen, das mein Wirken als psychiatrischer Sachverständiger in Sachsen in meinem Prozeß nur unzulänglich beleuchtet worden ist. Lag es daran, daß die Justiz die kleinen Begebenheiten, die sich am Rande von Gutachtenaufträgen zuweilen abspielen, nicht gerne in der Öffentlichkeit erörtert sehen wollte? Wenn man zum Beispiel als psychiatrischer Sachverständiger von einem Vorsitzenden vor der Begutachtung den Wink »das Schwein kriegt wieder vier Jahre« erhält, dann kann man einigermaßen die Relevanz der eigenen Arbeit für die Urteilsfindung einschätzen. Vielleicht sind solche richterlichen Hinweise gemeint, wenn es in der Strafprozeßordnung heißt, »der Vorsitzende leitet die Arbeit des Sachverständigen«.

Nicht thematisiert habe ich auch die kleinen justizinternen Idyllen: der Vorsitzende Richter, der nebenher mit seiner Frau, einer ehemaligen Geschäftsstellenmitarbeiterin, eine Segelschule betreibt, in der sich einzuschreiben niemandem bei der sächsischen Justiz zum Schaden gereichte. Auch ich hätte um ein Haar dort meinen A-Schein gemacht.

Um aber auch gleich einem naheliegenden Verdacht zu begegnen: Niemand aus dem Justizapparat hat mir jemals irgend etwas für meine Diskretion in Justizdingen versprochen. Im

Gegenteil: schwarze Schafe zu decken, war nicht ihre Sache. Schonungslos fragten sie mich, ob ich von einer sächsischen Staatsanwältin vor meiner Flucht gewarnt worden sei. Diplomatisch erklärte ich, daß ich mich zu diesem Thema nicht äußern wolle. Geflüchtet sei ich jedoch, weil Dr. Gutfreund mir erklärt hatte, ich sei ab sofort suspendiert. Daraus hätte ich geschlossen, daß ich entlarvt und der Erlaß eines Haftbefehls nicht unwahrscheinlich sei.

Ob sich letztlich langlebige, halt- und belastbare Freundschaften aus meinen Beziehungen mit sächsischen Juristen ergeben, die ich während meiner Zschadrasser Zeit knüpfen durfte, bleibt abzuwarten. Prognosen auf diesem Gebiet zu treffen, ist stets ein heikles Unterfangen. Mit großer Sicherheit kann ich allerdings schon jetzt sagen, daß mich mit den psychiatrisch-psychologischen Sachverständigen meines Prozesses nie ein Band verbinden wird, das mit Begriffen wie Zuneigung und Achtung charakterisiert werden könnte. Warum ich mich zu dieser Einschätzung berechtigt sehe, will ich kurz begründen.

Für meinen Prozeß wurde so ungefähr alles aufgeboten, was gut und teuer ist:

Als Ankläger ein Staatsanwalt für besondere Aufgaben mit Berichtspflicht zum Ministerium, ein Hoffnungsträger;

Anklage zur Großen Strafkammer, obwohl es das Schöffengericht auch getan hätte;

größter und prächtigster Sitzungssaal in Leipzig;

größtes Presseaufgebot aller (Leipziger) Zeiten; Einrichtung eines eigenen Pressezentrums für Journalisten im Landgericht Leipzig;

bedeutende Verteidiger aus Frankfurt und Berlin;

ausschließlich Zeugen mit akademischem Abschluß;

und so fort.

Daß bei einem solchen Prozeß der Superlative das Gespann Leygraf/Nowara nicht fehlen darf, ist für jeden, der die Verhältnisse auf dem nationalen Markt der forensischen Begutachtung kennt, unmittelbar einsichtig.

Seit der Emeritierung des Berliner forensischen Psychiaters Wilfried Rasch und nach dem Tod von Herbert Maisch, der mich seinerzeit in Bremen begutachten durfte, gibt es in Deutschland vor allem drei nationale Koryphäen, nämlich Kröber aus Berlin, Förster aus Tübingen und eben Leygraf aus Essen, die in spektakulären Fällen auch außerhalb ihres jeweiligen Bundeslandes gerne herangezogen werden.

Der Vorsitzende Richter, der Prof. Leygraf für eine Begutachtung auswählt, muß im übrigen gewärtig sein, daß er mit der Beauftragung des Professors auch gleichzeitig, ja nahezu automatisch die Frau Diplompsychologin Nowara mitengagiert. Die beiden treten nur als Gespann auf. Manchem Richter ist dieser »Nimm-zwei«-Zwang nicht so angenehm, was allerdings meistens Frau Nowara zu spüren bekommt. Mein Vorsitzender jedenfalls verhunzte ihren Namen so nachhaltig (Nogra, Norma, Nigera, Neverla, Novura, Nagasaka etc.), daß einer meiner Verteidiger meinte, für die korrekte Benennung der Diplompsychologin sich in die Bresche werfen zu müssen.

Mein größtes Glück wäre es gewesen, Herrn Prof. Leygraf und Frau Nowara einmal lächeln zu sehen. Diesem wirklich raren Ereignis beizuwohnen, war mir leider nie vergönnt. Professor Leygraf läuft mit einer derart finsteren Miene herum, daß man von Glück sagen kann, daß er in der Regel Erwachsene begutachtet, weil Kinder bei seinem Anblick ein schweres Trauma davontragen könnten. Seine dunklen Augen blicken einen tief traurig aus tiefen Höhlen an, wesentliche Partien seines Gesichts sind durch einen beachtlichen Rauschebart, wie ihn auch Tolstoi trug, verdeckt. Er hat etwas waldschratmäßig Intensives an sich, wirkt vom Gestus her eher unbürgerlich-proletarisch, drückt sich akademisch aber recht geschliffen aus, wobei für den geübten Beobachter ein leichtes Ruhrpotttimbre nicht zu überhören ist. Er ist von großer Ernsthaftigkeit, beseelt von der Bedeutung seines Faches und, wie ich finde, vollkommen humorlos. Die Humorlosigkeit teilt er mit Frau Nowara, die mich vom Typ her wiederum an Gudrun Landgrebe erinnert, und zwar in der Rolle der gescheiten Domina.

Als die beiden das erste Mal bei mir im Leipziger Knast zur Exploration erschienen, wollte ich die Situation ein wenig auflockern, indem ich darauf hinwies, wie amüsant es doch sei, daß ich in demselben Besprechungsraum noch vor einem Jahr selbst Probanden für eines meiner psychiatrischen Gutachten exploriert habe. (War es ja auch tatsächlich.) Die beiden verzogen keine Miene. Eisiges Schweigen schlug mir entgegen. Dann, nach einem langen Intervall, beide im Chor: Sie haben nicht exploriert. Was Sie gefertigt haben, sind keine psychiatrischen Gutachten!

Es gehört wenig Phantasie dazu, sich den weiteren Verlauf der Begutachtung vorzustellen. Falls die beiden empathiefähig sind, haben sie es mir wenigstens nicht gezeigt. Besonders Madame Nowara schien fest entschlossen, mich nicht zu mögen.

Dagegen ist ja an sich nichts einzuwenden, allerdings sollte die Abneigung des Gutachters nicht allzu deutlich spürbar werden. Ich war durch ihr Verhalten zutiefst verunsichert. Als sie begann, die Marterinstrumente ihrer psychologischen Testbatterien anzusetzen, überfielen mich derart heftige Versagensängste, daß mein Intelligenzquotient sich bis nahe an die Schwachsinnsgrenze verschob. Frau Nowara fand folgerichtig mit ihren wissenschaftlichen Methoden heraus, daß ich im Vergleich zu den Testergebnissen von Maisch vor 15 Jahren noch dümmer geworden bin.

Die beiden hielten sich zu meiner Exploration drei Tage in Leipzig auf und fertigten sodann ein vorläufiges schriftliches Gutachten, das zu dem Ergebnis gelangte, daß ich zwar unter einer narzißtischen Störung leiden würde, aber voll schuldfähig sei. Es versteht sich von selbst, daß ich mit diesem Resultat aus juristischen Gründen zufrieden sein durfte, weil damit jedem Unterbringungsgedanken zunächst der Boden entzogen war.

Als Nowara/Leygraf in der Hauptverhandlung ihr Gutachten, kurz vor Ende der Beweisaufnahme, mündlich erstatteten, spitzte die große Gisela Friedrichsen noch einmal kräftig die Ohren und ihr Kugelschreiber raste nur so über ihren Notizblock, weil sie offenbar kein Wort dieser bedeutenden Ausführungen übergehen wollte. Das Primat der Psychologie in der »Spiegel«-Gerichtsberichterstattung ist ja nach wie vor ungebrochen.

Ich fand das Gutachten der beiden hingegen nicht atemberaubend. Vielleicht fehlte mir der Sinn für die Extraklasse, der sich Leygraf/Nowara zugehörig fühlten. Mir schien die von den beiden entwickelte Theorie der Entstehung meines Narzißmus leicht abgestanden, vielleicht sogar etwas primitiv: Meine Eltern sollen zuviel mit ihren eigenen Problemen beschäftigt gewesen sein, um sich angemessen um mich zu kümmern. In dieser von Vernachlässigung und Isolation gekennzeichneten Situation soll ich dann Allmachtsphantasien entwickelt haben … und so fort.

Frau Nowara hielt es für nötig, kritisch anzumerken, daß ich in der Regel oberflächliche Beziehungen zum anderen Geschlecht einginge und im übrigen dabei auf Akademikerinnen fixiert sei. Was daran verwerflich sein sollte, konnte ich nicht erkennen. Offenbar sollte ich als gelernter Postbote bei meiner Partnerwahl stärker mein eigenes, soziales Ausgangsniveau beachten. Das ähnelte in meinen Augen gewissen schlichten Gedanken meines Vaters, allerdings bei Frau Nowara in ein unanfechtbares, wissenschaftliches Vokabular gekleidet.

Prof. Leygraf paraphrasierte noch ein wenig, was Madame N. bereits vorgebracht hatte, und betonte das Suchtartige meiner Hochstapelei. Auf Fragen meiner Verteidiger erklärte er en detail, wie schlecht meine forensischen Gutachten waren. Was er allerdings nicht wußte und was ich bis heute niemand offen-

Prof. Dr. Leygraf diagnostizierte bei mir eine narzißtische Störung.

bart habe, ist die Tatsache, daß ich alle meine Gutachten nach einer Vorlage gefertigt habe, die sich in dem Archiv des Zschadrasser Maßregelvollzuges befand. Dieses »Muttergutachten« stammte – welch ein merkwürdiger Zufall – von Professor Norbert Leygraf.

Ich will damit nicht die Einschätzung meiner Gutachten durch Prof. Leygraf in Frage stellen, denn es ist ja evident, daß man selbst mit der Vorlage des »Felix Krull« ein minderwertiges Buch über Hochstapelei schreiben kann.

Ich hatte im übrigen, als ich mir Leygraf/Nowara so anhörte, wirklich das Gefühl, sie haßten mich, weil ich mit ihrem geliebten Fach, das sie ja für eine Wissenschaft hielten, Mimikry getrieben hatte. Ob den beiden als Richter vier Jahre für mich ausgereicht hätten, wage ich zu bezweifeln.

Ganz anders mein wirklicher Vorsitzender Richter, der besonnene und verschmitzte Schwabe. Er ließ, nachdem wir alle Leygraf/Nowara glücklich hinter uns gebracht hatten, Anklage und Verteidigung plädieren. Meine Anwälte hatten ihren letzten großen Auftritt, ergingen sich in brillanten Formulierungen, die einem nicht lange im Gedächtnis haften blieben, und rieten mir, sich ihren Ausführungen in meinem letzten Wort anzuschließen, was ich denn auch tat. Ich sah keinen großen Sinn darin, dem Gericht zum Abschied zu sagen, daß mir das Ganze leid täte und daß ich ein guter Mensch werden wolle. Gegen fünf Uhr nachmittags zog sich das Gericht zur Beratung zurück. Es war dunkel geworden. Der Schwurgerichtssaal wirkte düster. Ich wartete in einem angrenzenden Raum zusammen mit zwei Wachtmeistern, die mir Kaffee brachten und höchst fürsorglich mit mir umgingen. Ich las ein paar Zeilen »Hamlet«, konnte mich aber nicht richtig konzentrieren. Normalerweise bezeichnet man das Warten vor der Urteilsverkündung als »banges Warten«. Davon konnte hier gar keine Rede sein, denn ich kannte den »Korridor« der Strafzumessung und ich wußte auch, daß die Staatsanwaltschaft sich vehement gegen eine Haftentlassung unmittelbar nach der Urteilsverkündung ausgesprochen hatte. Meine Verteidiger hatten mir sowieso die Illusion genommen, ich würde heute nacht schon Roswitha in die Arme schließen können. Das sei höchst unwahrscheinlich. Vielleicht könne man mit dem Vorsitzenden in der kommenden Woche über eine Haftentlassung sprechen.

Punkt achtzehn Uhr wurden alle in den Saal gerufen. Das Gericht zog ein, die Kameras klickten, wir erhoben uns, mein Vorsitzender verkündete mein Urteil: Vier Jahre und Haftfortdauer. Er sagte, es wäre nicht recht gewesen, Leute, die mir vertraut hätten, so zu täuschen. Er wolle mich auch nicht ent-

Dr. h.c. Max Streibl
Bayerischer Ministerpräsident

8000 München 22 16. MRZ. 1993
Prinzregentenstraße 7
Tel. 089-21650 - FS 5 23 809

Herrn
Gert Postel
Lieneschweg 42

4500 Osnabrück

Sehr geehrter Herr Postel,

das Leben kennt ebenso wie die Politik nicht nur Schönwetterphasen. Leider beweist sich im Moment wieder einmal überdeutlich die tiefe Wahrheit, die in Ludwig Marcuses Erkenntnis steckt, nach der der Glaube an das Gedruckte seit Gutenberg einer der mächtigsten Aberglauben der Welt ist. Deshalb erfüllt es mich mit Dankbarkeit, daß Sie mir in dieser stürmischen Zeit mit Ihrem Schreiben Vertrauen und Wertschätzung bekundet haben. Dieser Zuspruch und Ihre Segenswünsche ermuntern und bestärken mich zusätzlich, mich nicht unterkriegen zu lassen und weiterhin mit ganzer Kraft für unser schönes Bayern und seine Menschen einzusetzen.

Mit freundlichen Grüßen

Ihr

Max Streibl

Ohne die tröstenden Worte von Max Streibl hätte ich das alles nicht durchgehalten.

lassen, weil er glaube, daß es für mich nicht gut sei, jetzt die Runde durch die Talkshows zu machen. Nichts von Fluchtgefahr, sondern stattdessen pietistische Pädagogik. »Sie können dieses Urteil mit dem Rechtsmittel der Revision anfechten«, fuhr er fort, und als ich nickte, daß ich das verstanden hätte, sagte er feierlich: »die Verhandlung ist geschlossen«. Meine Anwälte verabschiedeten sich hastig und eilten zu den draußen wartenden Fernsehkameras, um ihre Statements für die Tagesthemen abzugeben. Die Journalisten begaben sich zu ihren Tickern und Telefonen.

Ich blieb allein in dem großen düsteren Saal zurück. Mein Transportkommando, das mich zurück in das Gefängnis bringen sollte, hatte sich verspätet. Während ich so wartete, enttäuscht und einsam, geschah ein Wunder: Unversehens öffnete sich eine Tapetentür und herein trat ein großer schmächtiger Mann mit grauen Haaren, angetan mit einem weißen Hemd mit Schulterklappen und einer schwarzen Hose.

Der Grauhaarige kam auf mich zu, und ich erkannte beim Näherkommen meinen Vorsitzenden. Ohne Robe und weißen Binder wirken Richter immer ganz anders.

Er wolle sich nur von mir verabschieden und mir alles Gute für meinen Lebensweg wünschen, sagte er. Er ließ sich neben mir nieder, und wir unterhielten uns einen Moment, bis ich abgeholt wurde. Es wurden keine weltbewegenden Worte zwischen uns gewechselt, aber für diese wenigen Minuten mit einem menschlichen Richter hat sich der ganze Prozeß gelohnt, sogar die Strafe. Sage ich jetzt mal so.

Wie ich einmal einen unerwünschten Besuch abstattete

Es war ein strahlender Sommertag, als ich mit meinem Auto Bremen verließ, um aufs Land in die Nähe von Oldenburg zu fahren. Die Sonne schien so heiß, daß sich die Kühe auf den Weiden unter schattigen Bäumen niedergelassen und das Grasen eingestellt hatten.

Am frühen Nachmittag erreichte ich schließlich ein stattliches Dorf, in dem, der Größe der Anwesen nach zu urteilen, vorwiegend begüterte Bauern wohnten. Viele dieser Dörfer hatten sich nach dem Kriege, vorzugsweise in den 60er und 70er Jahren, eine Erweiterung in Form von Ein- und Zweifamilienhäusern, mit Spitzdächern, Panoramafenstern, kleinen Ziergärten und Garagen zugelegt, die zwar vom Stil her etwas aus dem Charakter des Dorfes herausfielen, aber andererseits inzwischen aus diesen Dörfern nicht mehr wegzudenken sind.

Auch dieses Dorf verfügte über eine solche Siedlung, die schon von ferne als Fremdkörper im Dorfensemble auszumachen war. Zwei geschwungene Längs- und zwei geschwungene Querstraßen, Blumen als Namensgeber für die Straßen, jedes Grundstück eingezäunt mit weiß gestrichenen Holzlattenzäunen, ältere Hollywoodschaukeln fast in jedem Garten, sauber abgestochener Rasen zu den Beeten hin, viele Dahlien, aber auch Rittersporn an der Straßenfront, mitunter in den hinteren Teilen der Gärten Gemüsebeete mit rot blühenden Bohnen, alles dekorativ und nützlich zugleich.

Auf den Straßen und in den Gärten sah man alte Leute, Frauen und Kinder. Es war ein Werktag. Bis ich in der zweiten Längsstraße die Nr. 28 a erreicht hatte, dauerte es ein wenig, denn in der Siedlung galt Tempo 30, was seine Berechtigung hatte, denn es spielten wirklich viele, zum Teil noch sehr kleine Kinder auf der Straße, die nur zögerlich den Weg für meinen Wagen freigaben. Mir war das ganz recht. Ich hatte Zeit, war nicht auf einen bestimmten Termin fixiert und rollte so gemächlich, fast geräuschlos meinem Ziel zu.

Gegenüber von Nr. 28 a hielt ich an, schaltete den Motor ab und musterte durch das heruntergekurbelte Wagenfenster das hübsche kleine Ensemble. Das Wohnhaus in Klinkerbauweise mit Garage, den betonierten Vorplatz, auf dem ein Auto stand, und die zwei Zementstreifen, über die man, ohne den sauber geschnittenen Rasen zu beschädigen, mit dem Auto das Grundstück verlassen konnte. Gegenwärtig war an ein Bewegen des Autos auf dem Vorplatz nicht zu denken, denn es war mit einem fahrbaren Wagenheber hochgebockt und im übrigen durch Holzbohlen und Keile so fixiert, daß man sich ungefährdet darunter zu schaffen machen konnte.

Der Himmel hatte sich inzwischen leicht verdüstert, einige Regenwolken waren aufgezogen, als aus dem Haus ein Mann heraustrat, der einen grauen, bis zum Knie reichenden Arbeitskittel trug. Er hatte nahezu weißes Haar, war relativ groß und lief leicht gebückt, aber flink zum Auto, wo er sich ganz selbstverständlich rittlings auf ein Brett legte, an dessen Unterseite in jeder Richtung bewegliche Räder befestigt waren, und sich in dieser Liegeposition unter das Auto schob. Der alte Mann hätte mich eigentlich sehen müssen, als er das Haus verließ, so auffällig und nah, wie ich davorstand.

Da aber der alte Mann, als er meiner hätte ansichtig werden können, keine Reaktion zeigte und ich gleichfalls in meinem Wagen völlig bewegungslos verharrte, war ich mir nicht sicher, ob er mich bemerkt hatte. Der Alte und ich, wir kannten uns gut. Wir waren Gegner in einem von beiden Seiten durch mehrere Instanzen erbittert geführten Rechtsstreit gewesen. Es ging seinerzeit um die Rückzahlung eines Darlehens, das ich ihm gewährt hatte und dessen Erhalt er, als ich es zurückforderte, bestritten hatte. Es waren zwar nur 6000 Mark zuzüglich Zinsen, die ich von ihm haben wollte und die er auch ohne weiteres hätte zahlen können. Aber er wollte nicht und mußte erst von drei Kammergerichtsräten dazu gezwungen werden.

Der weißhaarige Alte blieb eine Weile unter dem Wagen. Ich konnte nur seine Füße sehen. Dann rollte er gewandt hervor, griff sich aus einem Werkzeugkasten einen Schlüssel und verschwand wieder unter dem Auto. Eine Viertelstunde später ließ er sich erneut sehen. Nunmehr zeigte er mir seinen Kopf an Stelle seiner Füße. Ich sah die weißen Haare sich hin- und herbewegen und seine rötlich-braune Kopfhaut dazwischen hervorschimmern. Offenbar strengte sich der Alte unter dem Auto ganz erheblich an. Schließlich rutschte er weiter unter den Wagen, so daß ich nicht einmal seine Haare mehr sehen konnte. Es ließ sich jetzt nur noch erkennen, daß sich da etwas Schwarzes unter dem Kraftwagen bewegte. Welche Lage der Kopf hatte, ob der Körper noch immer auf dem Rücken auf dem beweglichen Brett lag, war einfach nicht zu erkennen. Mich beschlich das Gefühl, der alte Mann sei längst in die Bauchlage gewechselt und studiere mich aufmerksam aus seinem Schattenreich.

Diese Ungewißheit beendete er, als die ersten Tropfen fielen. Er kam blitzartig unter dem Auto hervorgefahren, klaubte das herumliegende Werkzeug zusammen und schaffte es ebenso wie den Wagenheber, nachdem er das Auto abgebockt hatte, in die Garage. Dann ging er schnellen Schrittes zum Hauseingang. Die Klinke schon in der Hand, drehte er sich für Sekunden in meine Richtung, kratzte sich am Kopf und verschwand im Haus. Nunmehr begann es heftiger zu regnen, und obwohl es an der Fahrerseite kräftig ins Auto hineinspritzte, ließ ich das Fenster geöffnet und blickte unverwandt auf das Haus. Vielleicht war es Einbildung, aber ich meinte zu sehen, wie an einem zur Straße weisenden Fenster sachte die Gardinen beiseite gezogen wurden. Ich war mir sicher, daß sich die Gardinenbewegung auf mich bezog und daß ich aus dem dunklen Fensterloch heimlich beobachtet wurde.

Binnen kurzem war die zum Fahrerfenster gewandte Seite meines T-Shirts und meiner Hose naß. Das Sitzpolster hatte sich teilweise mit Regenwasser vollgesogen. Meine Beobachtungsposition wurde zunehmend ungemütlicher, aber wie ein vom Kugelhagel unbeeindruckter Soldat ließ ich mich durch die Unbilden der Natur nicht aus der Ruhe bringen.

Ich harrte aus und wurde schließlich belohnt, denn plötzlich öffnete sich die Haustür, und der Alte schob sich, eine nicht mehr ganz junge Frau im Schlepptau, an der Hauswand unter dem Vordach entlang, bis das Paar eine Position erreicht hatte, von der sie mich ungestört, vom Regen geschützt, offen und provokativ anschauen konnten. Der Alte fühlte sich offenbar in Anwesenheit der Frau besser in der Lage, den Krieg der Blicke mit mir auszufechten. Er sprach mit ihr kein Wort. Es herrschte vielmehr ein stummes Einverständnis zwischen den beiden, daß man dem frechen Späher gemeinsam standhalten wollte.

Wie lange sollte das gehen? Wer würde zuerst einen Rückzieher machen? Mir schien es eine ausweglose Situation zu sein. Ich würde nicht nachgeben und so, wie ich den Alten kannte, er erst recht nicht. Was ich allerdings nicht bedacht hatte, war, daß die beiden sich fremder Hilfe bedienen würden, um mich zum Rückzug zu bewegen, und daß sie sich nur deshalb so ostentativ vor ihrem Häuschen aufgepflanzt hatten, um genüßlich meine Demütigung zu beobachten.

Um die Ecke bog nämlich, nachdem wir uns ungefähr eine Viertelstunde angestarrt hatten, ein Polizeiwagen, der dicht hinter mir hielt und dem zwei uniformierte Dorfpolizisten entstiegen, die entschlossenen Schrittes an mein noch immer geöffnetes Wagenfenster traten. Sie forderten mich ohne jede Begründung auf, wegzufahren. Ich erkundigte mich, ob es verboten sei, hier zu stehen, ob hier etwa ein Park- oder gar Halteverbot bestehe, das ich vielleicht übersehen hätte. Nein, ein solches Verbot bestehe hier nicht, verkehrsrechtlich sei alles in Ordnung. Gleichwohl solle ich wegfahren, denn »er«, und dabei deutete der Streifenführer mit einer Kopfbewegung auf den Alten, fühle sich durch mich bedroht. Ich erwiderte, ich hätte nichts unternommen, was nur im entferntesten als Bedrohung aufgefaßt werden könnte.

Ich zog Ausweis und Führerschein hervor und sagte, sie könnten sich überzeugen, daß bei mir alles seine Ordnung habe. Dieses sei, so fügte ich etwas pathetisch hinzu, ein freies Land, wo alles erlaubt sei, was nicht verboten sei. Mein Angebot, in meine Papiere Einsicht zu nehmen, wiesen die beiden Ordnungshüter dankend zurück. Sie wüßten schon, wer ich sei, sagte der Wortführer. Im Polizeicomputer liege zur Zeit gegen mich nichts vor. Trotzdem fordere er mich ein letztes Mal auf, hier wegzufahren.

Nun wurde ich etwas bockig und fragte die beiden: »Wollen Sie mir etwa verbieten, meinen eigenen Vater anzuschauen?«

Der ältere Polizist erwiderte: »Ihr Vater will wirklich nichts mit Ihnen zu tun haben. Er lehnt jeden Kontakt mit Ihnen ab. Sie wissen doch, wie Ihr Vater aussieht. Sie stören hier einfach den Frieden in unserem Dorf.«

Ich sagte, bereits über einen ehrenhaften Abzug nachdenkend: »Also, wenn er mit seiner Freundin wieder ins Haus geht, dann gibt es für mich auch nichts mehr zu beobachten, dann fahre ich.« Scheinheilig fügte ich hinzu: »Ich sehe meinen Vater so selten, daß mir jeder Moment kostbar ist.« Der Streifenführer verständigte sich kurz mit den beiden Alten, die zögerlich den Rückzug ins Haus antraten. Als sie die Türe hinter sich geschlossen hatten, startete ich den Wagen und rollte gemächlich davon. Die beiden Polizisten konnte ich im Rückspiegel kopfschüttelnd im Regen stehen sehen.

Seit dieser sprachlosen Visite habe ich meinen Vater nie wieder gesehen. Ich habe jede Angst vor ihm verloren. Mein Trieb, mich mit ihm zu messen, ihn zu erschrecken und zu bekämpfen, ist erloschen. So schrecklich und so unwahrscheinlich es klingt, mein Vater ist mir mittlerweile vollkommen gleichgültig. Ich hege keinerlei Phantasien, mich mit ihm zu versöhnen, mich etwa an seinem Totenbett mit ihm auszusprechen. Ich weiß nicht einmal, wie es ihm geht, und ich muß gestehen, es interessiert mich auch nicht. So viel Herzlosigkeit findet man selten. Wie es zu dieser eklatanten Abwesenheit von Sohnesliebe kommt, kann ich nicht erklären.

Ich bilde mir ein, meinen Vater noch nie gemocht zu haben.

Mein Vater war groß und kräftig. Morgens verließ er unser Haus in Stuhr, das wir mit den Eltern meiner Mutter zusammen bewohnten, um zur Arbeit zu gehen, und abends kehrte er schweigsam zurück. Er war ein gründlicher und zuverlässiger Mechaniker. Leuten wie ihm ist es zu verdanken, daß bei Daimler in Bremen keine Montagsautos gebaut werden. Er stammte nicht aus einer Arbeiterfamilie. Sein Vater war Tierarzt, sein Bruder ebenfalls. Seine Mutter war sogar die Tochter eines Generals. Er hielt aus unerklärlichen Gründen zu seiner Familie lange Zeit keinen Kontakt.

Gesellschaftlich war er im höchsten Maße verunsichert. Er

Vor seinem geliebten Mercedes fuhr mein Vater NSU »Quickly«.

hatte keine Freunde. Er wünschte, nicht besucht zu werden. Meine Schulkameraden hatten unser Haus zu meiden. Samstags bastelte er an seinem Auto, obwohl es stets perfekt funktionierte, bei Regen sowieso nicht bewegt wurde und im übrigen alle drei Jahre durch ein neues ersetzt wurde. Sonntagnachmittags fuhr er mit meiner Mutter in einen nahegelegenen Wald, um dort spazierenzugehen.

Er liebte das Militär, obwohl er nicht gedient hatte. Die Armee, die Luftwaffe, die Marine verkörperten für ihn Ordnung, Gesundheit, Sauberkeit, Disziplin, technisches Funktionieren, kurz alle Sekundärtugenden, die man sich nur wünschen kann. Dabei war er nicht direkt ein Nazi. Er hatte zwar Bücher über die Wehrmacht (»Holt Hartmann vom Himmel«, ein Jagdfliegerbuch), aber auch über die Bundeswehr. Und er schätzte sogar die Nationale Volksarmee der DDR.

An ein einziges, glückliches Kindheitserlebnis mit meinem Vater kann ich mich erinnern, nämlich an einen gemeinsamen Besuch am Tag der offenen Tür bei der Hubschrauberstaffel der Bundeswehr in Ahlhorn. Da war er in seinem Element. Er kannte das »Gerät«, er strahlte beim Anblick der »sauberen Gesichter« der Piloten. Ich war zufrieden, meinen Vater in so glänzender Laune zu erleben und überhaupt mit ihm zusammen zu sein.

Denn normalerweise durfte ich zum Beispiel, wenn mein Vater von der Arbeit kam, nicht mit meinen Eltern zu Abend essen. Entweder mußte ich »voressen«, oder man schickte mich zu meinen Großeltern, um dort die Mahlzeit einzunehmen. Mein Vater schätzte meine Gegenwart nicht sonderlich. Häufig wollte er mit meiner Mutter allein sein oder er zog sich mit seinem deutschen Kofferradio (Nordmende und Telefunken waren seine bevorzugten Marken) abends in seine Werkstatt zurück, um die »lustigen Musikanten« im Deutschlandfunk zu hören. Fernsehen bekamen wir erst sehr spät, und Telefon hatten wir, solange meine Mutter lebte, überhaupt nicht. Wir waren nicht zu arm, um die Grundgebühr und die paar Gesprächseinheiten bezahlen zu können. Mein Vater machte sich einfach nichts aus Kommunikation. Daß ich später ein so großartiger Telefonierer geworden bin, mag mit diesen Entbehrungen in meiner Jugend zusammenhängen.

Ich war der engste Vertraute meiner Mutter.

Meine Mutter, die eine hübsche und lebenslustige Person war, wurde von meinem Vater verehrt. Daß er nicht das einzige Objekt ihrer Lebenslust war, wollte er, glaube ich, nie wahrhaben. Verehrer hatte sie eine ganze Menge. Aus ihrer vorehelichen Zeit als Mannequin gab es zum Beispiel einen arabischen Scheich, der manchmal geheimnisvolle Postkarten schrieb, in denen er berichtete, gerade einen roten Jaguar in London erstanden oder in New York ein einträgliches Geschäft getätigt zu haben. Oder es gab den hohen Bremer Beamten, der sie mit Schmuck verwöhnte und den sie regelmäßig, während mein Vater Fahrzeuge montierte, in seiner Villa besuchte. Ein Kriminalkommissar und ein praktischer Arzt, beide aus unserer Gegend, sollen ihr ebenfalls sehr zugetan gewesen sein. Desgleichen ein Flugingenieur afghanischer Herkunft.

Mir wurde das Bedürfnis meiner Mutter, schön zu sein, recht praktisch vor Augen geführt: Ich hatte zwar ein eigenes Zimmer mit Bett, Schrank, Schülerschreibtisch und Stuhl. Das bei weitem ausladendste Möbel in meinem Zimmer war jedoch ihr Schminktisch mit Flügelspiegeln, an dem sie sich jeden Tag so lange niederließ, bis sie absolut perfekt aussah.

Ich selber lernte meinen Vater, der sich in meinen Augen das alles gefallen ließ, verachten. Seine Eifersucht, die eigentlich den Nebenbuhlern hätte gelten müssen, bekam hauptsächlich ich zu spüren. Ich war der Vertraute meiner Mutter, in ihre Liebeshändel eingeweiht, von ihr regelmäßig mit viel zu viel Geld versorgt, verzärtelt, bestochen. Da er meine Mutter nicht anzugreifen wagte, ließ mein Vater seine Bleib-auf-dem-Teppich-Philosophie also an mir aus. Ich sollte Berufssoldat werden, ich sollte etwas Ordentliches lernen und deshalb zur Post gehen, ich sollte keine Flausen im Kopf haben und nicht glauben, ich sei etwas Besseres.

»Wo diese Faust hinschlägt, da wächst kein Gras mehr«, war einer seiner markigen Lieblingssprüche. Gleichwohl hat mich mein Vater in meiner Jugend nur ein einziges Mal geschlagen, und das aus einem bezeichnenden Grunde: Ich hatte mich nämlich geweigert, seiner Aufforderung nachzukommen, mein über der Brust geknotetes Hemd, was ihm »amerikanisch« vorkam (und das war pejorativ gemeint), wieder ordentlich in die Hose zu stecken. Die Tatsache, daß er mich gewöhnlich nicht schlug, bedeutet im übrigen keineswegs, daß sein Erziehungsstil irgendwie freundlich gewesen wäre. Nein, er pflegte viel und laut mit mir zu brüllen. Meine Mutter betätigte sich in diesen Situationen gern pro forma als Vermittlerin, eine Rolle, die ich stets als Verrat empfand. Mein Vater war hilflos - autoritär, schwach und laut. Während meiner Kindheit hatte ich ständig Angst vor ihm – ich verriet ihn ja auch unentwegt.

Ich lag meiner Mutter, als ich etwas älter war, ständig in den

Ohren, sich von meinem Vater scheiden zu lassen. Sie sagte mir, sie hätte ihn seinerzeit geheiratet, weil er solide gewesen sei. Sich jetzt von ihm zu trennen, schien ihr gefährlich. Sie war ja seit meiner Geburt, obwohl gelernte Schneiderin, nicht mehr berufstätig gewesen. Um mir entgegenzukommen, sagte sie, daß sie ihn heute nicht noch einmal heiraten würde. Das war leicht gesagt.

Das Leben mit diesem arbeitsamen Menschen ließ ihr im übrigen viele Freiheiten. Meine Eltern fuhren nicht gemeinsam in Urlaub, dafür durfte meine Mutter alleine zur Kur. Während ihrer Abwesenheit mußte mein Vater zuweilen auch für mich kochen. Er tat das sparsam und lieblos, indem er Suppe, Kartoffelbrei, das Pflaumenkompott für den Nachtisch und meine abendliche Milch alle im selben Topf nacheinander erwärmte. Wir besaßen genügend Töpfe, die bei meiner Mutter auch ständig für die verschiedenen Speisen und Getränke separat in Gebrauch waren. Ich erinnere mich noch genau, daß ich, als mein

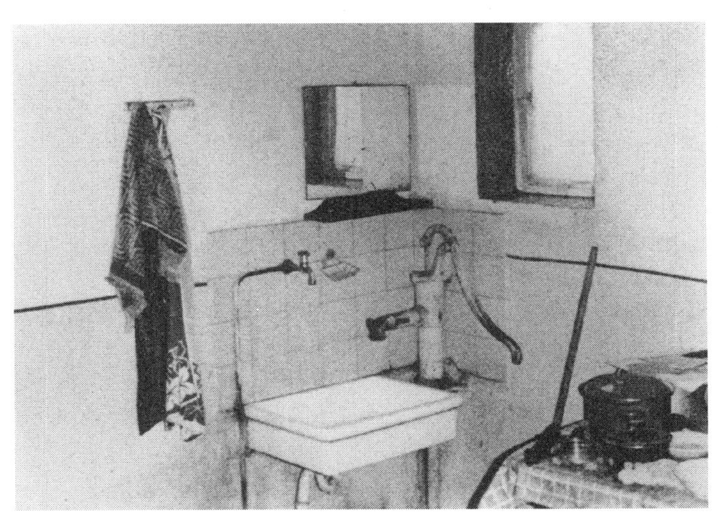

In diesem Kochtopf erhitzte mein Vater die Milch, ohne ihn vorher auszuwaschen.

Vater mir die Milch reichte, die er gerade in seinem »Gemeinschaftstopf« erhitzt hatte, von heftigem Würgereiz erfaßt wurde und mich spontan übergeben mußte. Für ihn war das ein Rätsel.

Nachdem ich, inzwischen volljährig, zu meiner ersten großen Liebe, einer Lehrerin, die ich über den Radrennsport kennengelernt hatte, nach Bremen gezogen war, lebten meine Eltern in Stuhr ganz allein. Die Großeltern waren verstorben. Der Freund meiner Mutter, der hohe Bremer Beamte, war ebenfalls überraschend verschieden. Meine Mutter litt unter Depressionen, die mit einer für ihre Problematik wohl nicht geeigneten Zusammenstellung von Psychopharmaka behandelt wurden.

Eines Abends kam eine Polizeistreife zu mir und meiner Freundin und bat uns schleunigst, die Nachbarn meiner Eltern anzurufen. Die nämlich hatten Telefon. Die Nachbarin machte, als ich mich meldete, keine großen Umschweife: »Jung', ich muß dir sagen, deine Mutter hat sich das Leben genommen.« Als wir kurze Zeit später in Stuhr eintrafen, saßen mein Vater, die Nachbarn und noch ein paar Verwandte stumm weinend im Wohnzimmer. Mein Vater war, so erfuhr ich, abends nach Hause gekommen und hatte zwar das Fahrrad meiner Mutter am gewohnten Platz stehen sehen, so daß er vermutete, sie sei da, hatte aber die Eingangstür verschlossen vorgefunden. Da auf sein Klingeln keine Reaktion erfolgte, sah er sich schließlich gezwungen, unter Zerstörung einer Scheibe ins Haus einzudringen. Durch eine Luke entdeckte er sie schließlich auf dem Speicher, wo sie sich erhängt hatte. In einem später gefundenen, zerknüllten und dann doch wieder glatt gestrichenen Abschiedsbrief entschuldigte sie sich bei meinem Vater. Sie »habe das beste gewollt«.

Die ersten Wochen nach dem Tod meiner Mutter war mein Vater so nett zu mir wie nie zuvor. Er zeigte sich herzlich, ein Zug, den ich bisher nicht bei ihm kennengelernt hatte, und vermittelte mir das Gefühl, daß wir in diesen schweren Zeiten zusammenhalten müßten. Ich war seltsam berührt von dem Umstand, mich über dem Grab meiner Mutter mit meinem Vater versöhnen zu dürfen.

Allerdings war die neue Harmonie nicht von Dauer. Ich trennte mich nämlich von meiner Freundin, der Lehrerin und Radsportlerin, weil ich mich in eine Zahnärztin mit Doppelnamen verliebt hatte. Meine Lehrerin fuhr mit meinem Vater in den Harz auf Urlaub, teilte mit ihm wohl auch dasselbe Zimmer und kehrte einige Zeit später in die Beziehung mit mir zurück, nachdem ich die Affäre mit der Zahnärztin beendet hatte. Gemeinsam besuchten wir nach unserer Wiedervereinigung meinen Vater, der höchst ungehalten war, daß ich mit seiner vorübergehenden Urlaubspartnerin erschien. Er machte mir Vorwürfe, die darin gipfelten, daß ich ihm »das Liebste« genommen hätte. Und das bezog sich nicht auf meine verstorbene Mutter, sondern auf die Lehrerin. Schon damals hatte ich das Gefühl, daß mein Vater in einer Art von erotischer Rivalität mir gegenüber befangen war. Möglicherweise hatte diese Rivalität schon zu Lebzeiten meiner Mutter unser Verhältnis getrübt. Mich störte auch, daß er offenbar ohne weibliche Gesellschaft nicht existieren konnte und keine angemessene Trauerzeit für meine Mutter einhielt.

Ungefähr ein Jahr später hatte ich in einer Bremer Bäckerei ein höchst einschneidendes Erlebnis. Ich hatte mich erneut von der Lehrerin getrennt und war eine mich sehr erfüllende Verbindung zu einer Bremer Richterin eingegangen, mit der ich auch zusammenwohnte. Mein Vater hatte das Haus in Stuhr verkauft und lebte nun ebenfalls in Bremen, wie ich später erfuhr, ganz in meiner Nähe. In dieser Bäckerei stand ich, fast noch im Halbschlaf, in einer Kundenschlange, als ich plötzlich am Nacken einer unbekannten, vor mir stehenden Frau mit blond gefärbten Haaren ein Collier entdeckte, dessen eigentümlicher Verschluß mir so vertraut vorkam, daß ich eine Sekunde glaubte, meine Mutter sei von den Toten auferstanden.

Meine Mutter hatte jedoch einen schlanken und makellosen Hals, während die Person vor mir sich an dieser Körperpartie durch eine fettige Lederhaut mit Pigmentstörungen auszeichnete.

Dieses Collier hatte der hohe Bremer Beamte mit den Schmissen im Gesicht seiner Geliebten geschenkt. Meine Mutter trug es bis zu ihrem Tode jeden Tag voller Stolz. Es gehörte zu ihr, wie der kleine grüne Daimler-Benz-Jahreswagen zu meinem Vater gehörte. Wie kam mein Vater dazu, den Schmuck meiner Mutter einer fremden Frau umzuhängen? Hatte er den letzten Rest an Pietät verloren? Mußte er das Andenken meiner Mutter derart schamlos entweihen? In diesem Moment stieg in mir ein Groll gegen meinen Vater hoch, der fast zwölf Jahre andauern und mich zu einer Vielzahl unerbittlicher Gemeinheiten befähigen sollte.

Mein Vater reagierte auf meine Vorhaltungen zunächst begütigend. Er lud mich mit seiner neuen Freundin, einer Majorswitwe, zu einer Afrikareise ein, was ich ablehnte, weil ich mit dieser Frau keine Stunde verbringen wollte. Das, glaubte ich, sei ich meiner Mutter schuldig.

Stattdessen überzog ich meinen Vater in den nächsten Jahren mit Gerichtsverfahren, ließ ihm durch einstweilige Verfügung verbieten, mit dem Schmuck der Mutter die neue Frau zu schmücken, vollstreckte bei ihm, zwang ihn zur Abgabe eines Offenbarungseides über sein Vermögen, zeigte ihn dann an, weil er seinen Wagen nicht im Vermögensverzeichnis aufgeführt hätte, und machte ihm überhaupt das Leben zur Hölle.

Vor einem der Gerichtstermine, die nunmehr unsere einzige Form von Familientreffen darstellten, gab er mir eine Ohrfeige und sagte dabei zu mir »Du Schwein«. Auch darauf reagierte ich mit einem Strafantrag.

Ich war damals selbst schon erheblich straffällig geworden. Um so heftiger und unnachgiebiger versuchte ich, meinen Vater einer Bestrafung zuzuführen. Das ist übrigens ein nicht seltenes Phänomen, daß gerade Straftäter, wenn sie sich selbst als Opfer wähnen, zu Befürwortern einer absolut erbarmungslosen Strafverfolgung werden. Ich jedenfalls rief sogar vor einem Strafprozeß gegen meinen Vater unter einem angenommenen Richternamen bei dem zuständigen Vorsitzenden an, wies ihn darauf hin, daß mein Vater ein eingefleischter Rechtsbrecher sei, der bislang dank exzellenter Verteidiger viel zu milde mit Einstellungen davongekommen sei, und bat ihn, dafür zu sorgen, daß ihn diesmal die ganze Härte des Gesetzes treffe.

Selbst diese Intervention hatte keinen Erfolg: Es gab wieder keine Verurteilung.

Schließlich verklagte ich ihn in Berlin wegen eines Darlehens, das ich ihm einst gegeben hatte und dessen Rückzahlung er mir mit dem Argument verweigerte, wir hätten zwar einen Darlehensvertrag geschlossen, das Geld aber hätte ich ihm nie gegeben. Das entsprach nicht der Wahrheit. Ich wunderte mich sehr über meinen Vater, denn ich kannte ihn eigentlich als grundehrlichen Menschen. Früher einmal hatte seine Lebensgefährtin gesagt, ich hätte kein moralisches Recht auf dieses Geld. Ich vermutete, sie stünde hinter diesen alles bestreitenden Anwaltsschriftsätzen.

Da ich den Rechtsstreit unter keinen Umständen verlieren wollte, bat ich den mir durch gemeinsame Streiche verbundenen Reiner Pfeiffer um Hilfe. Pfeiffer erschien als Zeuge vor dem Kammergericht, gab sich als stellvertretender Sprecher der schleswig-holsteinischen Landesregierung aus und behauptete, zufällig zugegen gewesen zu sein, als ich in einem grünen Behördenumschlag meinem Vater 6000 DM übergeben hatte und mir mein Vater Rückzahlung binnen zweier Jahre versprochen hatte. Ich selbst war bei der Verhandlung vor dem Kammergericht nicht anwesend, ließ mir aber berichten, mein Vater habe Pfeiffers Aussage mehrfach mit Zwischenrufen wie »Lügner« und »Verbrecher« unterbrochen. Das Kammergericht glaubte Pfeiffer und verurteilte meinen Vater zur Zahlung.

Das Urteil ist – im Ergebnis – zu Recht ergangen. Ob die Glaubwürdigkeit Pfeiffers wirklich so über alle Zweifel erhaben war, würden wahrscheinlich auch die Kammerrichter in der Rückschau anders einschätzen. Wenige Wochen nach Pfeiffers Berliner Auftritt zu meinen Gunsten machte der »Spiegel« die sogenannte »Barschel-Affäre« öffentlich, die heutzutage von vielen im wesentlichen als Affäre des Reiner Pfeiffer angesehen wird.

Mein Vater zahlte nach dem Urteil des Kammergerichts, zog aus Berlin fort und verwischte zunächst seine Spuren. Es kostete mich über zwei Jahre und erhebliche Energie, um herauszufinden, wohin er sich verkrochen hatte. Da er bei der Meldestelle eine Auskunftssperre erwirkt hatte und auch die Post nicht sehr gesprächig war, blieb mir schließlich nur der Weg, bei seiner Altersversicherung unter Bruch des Sozialgeheimnisses in Erfahrung zu bringen, wohin er sich seine Rente überweisen ließ. Das Ergebnis meiner Nachforschungen war, daß die Rente auf das Konto der Tochter seiner Lebensgefährtin in Berlin ging. Die Bank der Tochter ließ sich schließlich unter einem Vorwand entlocken, daß die Beträge auf ein Postgirokonto der Lebensgefährtin in Norddeutschland weitergereicht würden, und beim Postgiroamt teilte man einem »Oberregierungsrat« bereitwillig die Anschrift der Kontoinhaberin mit. Mein Vater und seine Lebensgefährtin verfügten, wie ich herausfand, in ihrer neuen Bleibe, dem Dorf zwischen Bremen und Oldenburg, über ein Telefon, so daß ich mich, kurz vor meinem sprachlosen Besuch bei ihnen, fernmündlich als »Simon Wiesental, der Vollstrecker« (zugegebenermaßen kein sehr geschmackvoller Einfall) melden konnte. Das Gespräch währte nicht lange, aber immerhin lange genug, um den beiden klar zu machen, daß ich ihnen einen Besuch abstatten könnte, was ich an jenem heißen, gewittrigen Sommertag ja dann auch tat.

Beim Durchlesen meiner Aufzeichnungen über meinen Vater ist mir unerklärlich geblieben, warum ich meine jahrelang praktizierten Gemeinheiten plötzlich eingestellt habe, warum dieser sprachlose Besuch der Schlußpunkt meiner Quälereien war. Mitleid kann es nicht gewesen sein, für Ehrfurcht vor dem Alter ist mein Vater noch zu rüstig. Ich vermute, daß ich ihm in seiner Sprachlosigkeit, in seinem Desinteresse an Kommunikation ähnlich geworden bin, ähnlicher als mir lieb sein kann, wie mir ein Psychoanalytiker erklärte, dem ich von meinem verqueren Verhältnis zu meinem Vater berichtete. Einhundertundzehn Mark kostete mich diese Erkenntnis des Analytikers.

Wie ich mich einmal als Dermatologe betätigte

Kein Gebiet menschlicher Unzulänglichkeiten, mit Ausnahme vielleicht der männlichen Potenz, hat so vielen Quacksalbern, Kurpfuschern und Scharlatanen Brot und Arbeit verschafft wie der männliche Haarausfall. Während man seit Ludwig dem XIII. von Frankreich fast zwei Jahrhunderte lang in der höfischen Gesellschaft Europas Perücken zu tragen pflegte und die Perückenmacher sich zu einem blühenden Handwerkszweig entwickelten, ging man im 19. Jahrhundert wieder dazu über, sein natürliches Haupthaar zu zeigen oder, so man keines besaß, eben auch die eigene Kahlheit. Damit begann auch nicht nur auf Jahrmärkten das Geschäft mit den Wunderhaarmitteln. Der Siegeszug der Massenpresse wäre wahrscheinlich ohne die zahlreichen Annoncen für Wässerchen und Essenzen zur Bekämpfung des Haarausfalls, für Toupets u.ä. überhaupt nicht denkbar gewesen. Die Bezüge zwischen Pressefreiheit und Haarausfall sind vermutlich bislang nur ganz unzulänglich erforscht worden. Vielleicht muß der »Strukturwandel der Öffentlichkeit« unter diesem Aspekt völlig neu geschrieben werden.

Ob zwischen Demokratie und Vollhaar einerseits und Diktatur und Glatzenansatz andererseits Beziehungen bestehen, mag die Wissenschaft entscheiden. Immerhin ist es auf den ersten Blick frappierend, die kastanienbraune Haarpracht John F. Kennedys mit dem kugelrunden Kahlkopf seines Antipoden Nikita Chruschtschow zu vergleichen, oder den dichten, silbergrauen Schopf von Clinton neben die tiefen Kopfhautschneisen, die Nationalismus und Brutalität in die Haarpracht eines Milosevic geschlagen haben, zu stellen. Lenins Kahlheit kontrastiert ganz eklatant mit dem dichten Stoppelhaarschnitt des Generalfeldmarschalls von Hindenburg, des Siegers von Tannenberg, obwohl letzterer wohl – so muß ich zugeben – nicht gerade ein Demokrat aus Überzeugung war.

Vielleicht ist es auch kein Zufall, daß der größte Wissenschaftler des 20. Jahrhunderts ebenso wie der größte Komponist des 19. über einen prächtigen Haarwuchs verfügte. Einstein und Beethoven jedenfalls wird man sich kahlköpfig gar nicht vorstellen können! Ebenso auffällig sind die schriftstellerischen Qualitätsunterschiede zwischen James Joyce und Samuel Beckett einerseits und ihren Zeitgenossen André Gide und Günter Kunert andererseits, um nur zwei Glatzköpfe aus der zweiten Reihe zu nennen. Auch Günter Grass schrieb seinen besten Roman zu Zeiten, als er noch in voller Haarpracht stand, während es nicht schwer fällt, zwischen seinen heutigen Produktionen und seinem schütteren Haar an der Schwelle zu seinem achten Lebensjahrzehnt gewisse Parallelen zu sehen.

Solcherart waren die Gedanken, die mir durch den Kopf gingen, als ich Ende der 80er Jahre eine Annonce des »Institut international pour la lutte contre la chute des cheveux«, Bielefeld (Allemagne), Ottmarsheim (France), Thessaloniki (Grèce), las, in der ein Dermatologe gesucht wurde.

Bewerbungen waren zu richten an »unseren Herrn Richter« in Bielefeld. »Unser Herr Richter« war, wie ich bald herausfand, Gründer, Alleingesellschafter, Geschäftsführer sowie Marketingmanager des Instituts und im übrigen Friseurmeister. Herr Richter hatte ursprünglich mit »Mutti«, seiner Frau, drei gutgehende Frisiersalons in Bielefeld, Gütersloh und Münster betrieben, hatte den Damen der ostwestfälischen »guten Gesellschaft« die Haare gelegt und gefärbt, einen Perücken- und Toupetverleih eröffnet und war schließlich zum »Vater des deutschen Toupetleasing« geworden.

Auf einer steuerlich absetzbaren Ferienreise mit »Mutti« nach Japan war er schließlich mit der Idee, Kunsthaare zu implantieren, in Berührung gekommen. Und da er in Erfahrung gebracht hatte, daß Implantate unter 6000 Haaren optisch nichts hermachten und man international üblich pro implantiertem Kunsthaar 6 Mark verlangen konnte, witterte er ein glänzendes Geschäft. Längst war ihm die ostwestfälische Heimat zu eng geworden und die Ausübung des Friseurhandwerks zu mühselig. Die ständige Eifersucht seiner Frau hatte ihm ohnehin das Anlernen junger weiblicher Friseusen verleidet. Ihn verlangte nach einer neuen Herausforderung auf dem Haarsektor, nach Internationalität und kosmopolitischem Flair und natürlich nach einer Umsatzexplosion. Und so rief er das Institut ins Leben.

Um mich bei Herrn Richter vorzustellen, begab ich mich nach Bielefeld, wo der Stammsitz des Instituts lag. Richter hatte sich in einer ansehnlichen Villa eingemietet, die Erdgeschoßfenster reihum mit Milchglas verkleidet und in geschwungener Hochzeitsschrift allerlei Wegweiser und Beschriftungen angebracht, die den Besucher darüber informierten, daß das Institut über eine Verwaltung, ein Labor, sowie über Ruhe-, Warte- und Behandlungsräume verfügte. Hinter der Villa befand sich ein von hohen Taxushecken gesäumter Parkplatz und ein zweiter Eingang, so daß jede Menge Diskretion garantiert schien – vermutlich das wichtigste Geschäftsprinzip einer solchen Einrichtung.

Beim Klingeln hatte mir Frau Stachrowski, die Empfangsdame, eine Blondine, angetan mit Mini und weißen Söckchen, geöffnet, die sich später als die Exfriseuse Mandy entpuppte. Sie führte mich in einen mit Klubsesseln möblierten Raum, in dem ich mir exakt eine Viertelstunde mit diversen Magazinen die Zeit vertreiben durfte, bevor ich zum »Chef« vorgelassen wurde.

Der Chef saß hinter einem leeren Schreibtisch und starrte auf seinen Bildschirm, als ich eintrat. Ohne aufzuschauen murmelte er »Setzen Sie sich bitte« und wies dabei auf einen der Lederstühle vor seiner marmornen Arbeitsplatte. Da er sich weiter mit dem Geschehen auf seinem Bildschirm zu beschäftigen schien und mit seiner kleinen, fetten Hand eine weiße

Maus herumschob, hatte ich Zeit, ihn in seiner Umgebung zu studieren. Seinen Kopf zierten dichte dunkelbraune Haare, ein Scheitel und Koteletten. Außerdem trug er einen dünnen Schnurrbart, der ihm ein raffiniert vulgäres Aussehen verlieh. Er schien Anfang 40 zu sein, ziemlich klein und recht korpulent, soweit man das sehen konnte, denn er steckte in einem weißen, arztähnlichen Kittel mit Stehkrägelchen. An den Wänden des geräumigen Zimmers hingen eine Menge goldgerahmter Diplome und Urkunden, ferner vergrößerte Querschnittsbilder einzelner Haare in- und außerhalb der Kopfschwarte und eine Reproduktion eines Bildes von Fernand Leger, das Frauen mit sehr vielen und sehr langen Haaren zeigte. In der Schrankwand standen ein ›Who's Who in Europe‹, ein paar Sachbücher à la ›Nadelstreifen für Machiavelli‹, je ein Kommentar zum Einkommens- und zum Körperschaftssteuergesetz und sonst nichts.

Unvermittelt ließ er von seinem Computer ab und wandte sich mit dem zupackenden Ruf »So, da wären wir« mir zu.

»Also, Herr Dr., wie war noch mal Ihr Name?«

»Postel«, soufflierte ich.

»Also, Herr Dr. Postel, ich muß mal gleich eines sagen, wir sind hier eine große Familie, jeder verdient bei mir gutes Geld, aber wir arbeiten alle auch sehr hart. Und für uns gilt eines: absolute Diskretion, Verschwiegenheit, Mundhalten, verstehen Sie! Jeder muß sich hier einordnen und wird dafür auch belohnt. Unsere Kunden haben alle hart gearbeitet und liefern hier eine Menge ab. Manchmal gibt es Probleme, das stehen wir dann gemeinsam durch. Ich erwarte absolute Hingabe im Beruf. Jeder trägt hier zum Erfolg bei, so gut er kann. Nachlässigkeiten, Krankfeiern und so was kann und will ich mir hier nicht leisten. Ich biete Ihnen auch keinen Anstellungsvertrag. Sie bekommen ein Honorar, und zwar bar, und ob Sie das versteuern, ist Ihre Sache. Reisekosten ab Bielefeld übernehme ich.

Im Obergeschoß habe ich Unterkünfte für meine Mitarbeiter. Nicht sehr luxuriös, aber sauber. Und noch eins: Finger weg vom Personal. Ich meine, ich will Ihnen da nichts unterstellen. Aber Sie sind ja noch jung und meine Mädels vergucken sich schon manchmal in so einen Akademiker.« Selbstsicher und leicht drohend fügte er hinzu: »Ich hab' da immer ein Auge drauf. Ihr Vorgänger, Dr. Kroll, war leider kein Kostverächter, und da habe ich zu ihm gesagt, Herr Dr. Kroll, wir müssen uns leider trennen, packen Sie bitte umgehend Ihre Koffer. Und die Mandy, eh, ich meine Frau Stachrowski, die hat eine Woche ganz schön durchgehangen. Nein, da bin ich strikt, da habe ich meine Prinzipien, da kenne ich nichts.«

Ich hatte vor Staunen über diese sympathische Direktheit ein wenig den Mund geöffnet. Um nicht vollends wehrlos gegenüber diesem energischen »Herrn der Haare« zu scheinen, lehnte ich mich ein wenig in meinem Freischwinger zurück und schlug die Beine übereinander.

»Tja, da sind Sie sprachlos«, fuhr er fort. »Tja, so läuft das bei uns. Gerechtigkeit, Leistung, schnelle Entscheidungen. Wissen Sie, ich hab' das alles alleine aufgebaut. Der Laden ist eine Goldgrube. In 10 Jahren ziehe ich mich nach Ibiza zurück. Dann können mir die Herren mit ihren kahlen Stellen gestohlen bleiben. So, jetzt kennen Sie meine Philosophie. Aber nun zu Ihrem Aufgabenbereich. Spritzen Sie gut? Verstehen Sie mich richtig, ein Arzt, der nicht gut spritzt, hat bei mir nichts verloren!«

»Intravenös oder subkutan?« fragte ich scheinheilig.

»Passen Sie auf, Herr Postel, Sie brauchen mir gar nicht mit diesen hochgestochenen Fremdwörtern zu kommen. Ich versteh die sowieso nicht und sie machen mir auch keinen Eindruck. Unsere Patienten, wir nennen sie so, weil sie so freundlich sind, bei uns ihr Geld abzuladen, kriegen lokale Betäubungen in die Kopfhaut gespritzt. Nix in den Arsch und auch nix in die Armbeuge.

Die Kopfhaut hat viele Nerven. Sie müssen's also ziemlich geschickt anstellen. Man darf mit der Nadel nicht in den harten Schädel reinstechen. Da geht die Nadel kaputt, und betäubungsmäßig bringt's auch nichts. Der richtige Winkel ist entscheidend. Sie Akademiker würden wohl sagen tangential, also auf deutsch: von der Seite die Nadel ansetzen. Eigentlich kann ich's selber am besten, bloß ich darf's nicht. Irgend so ein Mißbrauchsgesetz. Außerdem ist es für unsere Kundschaft viel beruhigender, wenn das unter ärztlicher Aufsicht läuft.

Und beim Spritzen, da müssen Sie ganz höllisch aufpassen, da bilden sich nämlich so Quaddeln, wenn man gespritzt hat, so richtige kleine Hügel auf der Kopfhaut. und die muß man ganz schnell verdrücken, auf gar keinen Fall stehen lassen. Bevor wir dann mit dem Einpflanzen beginnen, muß das alles wieder ganz glatt sein. Wenn ich einen Hügel bei Ihnen sehe, dann sind wir geschiedene Leute.«

»Na, das ist doch selbstverständlich« sagte ich. »Bin ich denn auch zuständig, wenn Entzündungen auftreten?«

»Herr Dr. Postel, da sprechen Sie ein ganz heikles Thema an. Natürlich treten mitunter Entzündungen auf, aber da habe ich vorgesorgt. Unsere Patienten müssen das ganze Honorar vor Beginn der Behandlung bezahlt haben. Wir nehmen niemanden stationär auf. Alle unterschreiben, daß sie die Nachbehandlung bei einem privaten Facharzt für Dermatologie auf eigene Kosten durchführen lassen. Wenn Mängel geltend gemacht werden, bin ich nur zur Nachbesserung verpflichtet. Die wenigsten, denen der ganze Kopf weh tut, die unter Entzündungen leiden, denen die Kunsthaare schnell wieder ausfallen, wollen eine Nachbesserung, denn das hieße ja, das ganze Elend beginnt noch mal von vorne.«

»Wie sind Sie denn medizinisch ausgerüstet?« wollte ich wissen, um wieder die Initiative zu ergreifen.

»Alles vom Feinsten, alles steril. Einwegspritzen, was anderes gibt es ja sowieso nicht mehr. Spezialgeräte zum Einpflanzen der künstlichen Haare. Die Patienten liegen auf umgebauten amerikanischen Zahnarztstühlen mit Halterungszusätzen, um den Kopf zu fixieren, alles meine Erfindung, zeige ich Ihnen gleich.«

»Ist die Einrichtung vom Gesundheitsamt abgenommen?« fragte ich etwas gedankenverloren, einfach um einen fachlich guten Eindruck zu machen.

Das hätte ich besser nicht versuchen sollen, denn der Chef machte eine kleine Pause, lief rot an und sagte mit gepreßter Stimme: »Das Gesundheitsamt hat hier nichts zu suchen. Wir sind ein Institut, wir haben ein angemeldetes Gewerbe. Diese Schnüffler vom Amtsarzt oder wie die sonst heißen setzen hier keinen Fuß rein. Wenn Sie gerne beim Gesundheitsamt arbeiten wollen, warum kommen Sie dann zu mir? Meinen Sie, ich zahle meinen Ärzten pro Tag 1000 Mark, damit die dauernd zum Gesundheitsamt rennen?«

»Von mir haben Sie da nichts zu befürchten«, erwiderte ich frech und zugleich erfreut, denn in der Annonce war nur von »sehr guter Bezahlung« die Rede gewesen.

Ich möchte an dieser Stelle einflechten, daß die Stelle beim Institut, die ich anstrebte, nichts mit meinen sonstigen Hochstapeleien, die sich auf die Erreichung von Positionen in staatlichen Institutionen bezogen, zu tun hatte. Dies hier war eine reine Geldverdienangelegenheit. Ein paar Monate Glatzköpfe spritzen war das äußerste, was ich mir vorgenommen hatte. Ich versprach mir im übrigen auch keinen Lustgewinn davon, einen Nichtakademiker wie Herrn Richter an der Nase herumzuführen. Die gute Bezahlung lockte mich allerdings wegen ihrer moralisch angenehmen Folgen: Da ich sparsam lebte, würde mir der im Institut erzielte Verdienst gestatten, mein Theologiestudium weiterzuführen. Zudem wäre ich der Notwendigkeit enthoben, in naher Zukunft wieder durch strafbare Hochstapeleien in staatlichen Kliniken Unrecht zu tun.

Zu der Tirade des Chefs gegen die Gesundheitsämter, die

mich in ihrer Intensität doch überrascht hatte, sagte ich einlenkend: »Nur die Beschränktesten unter meinen Studienkollegen sind Amtsärzte geworden. Ich habe lediglich danach gefragt, weil bei uns in Münster an der Universitäts-Hautklinik die Herren vom Gesundheitsamt unablässig zum Inspizieren kommen, selbst wenn bloß der OP neu gestrichen worden ist.«

Er war sich noch nicht sicher, ob er mir trauen könne. »Frau Stachrowski«, rief er über eine Gegensprechanlage, »bringen Sie mir doch mal die Bewerbungsunterlagen von Dr. Postel«, und als er sie in Händen hielt, schaute er mich ganz listig an und sagte: »Ihren Professor von Berg, der Ihnen so ein prima Zeugnis geschrieben hat, den kenn' ich ja gar nicht, jedenfalls war bei mir keine Frau von Berg, um sich die Haare legen zu lassen. Das wüßte ich. So ein Adelsname fällt auf, und von den Professorenfrauen in Münster haben eigentlich alle meinen Salon besucht.«

Für einen Moment glaubte ich, dieser ungebildete Friseurmeister wäre mir auf die Schliche gekommen. Nachdem so viele Akademiker auf mich hereingefallen waren, lag es eigentlich nahe, daß jemand, dem die Sphäre des Geistigen rein gar nichts bedeutete, in der Lage wäre, mich zu enttarnen. Außerdem sagte mir meine Lebenserfahrung, daß Schwindler für ihresgleichen nicht selten ein feines Gespür besitzen. Vielleicht, so erwog ich, wollte er mich aber nur auf die Probe stellen, mich provozieren. Um Zeit zu gewinnen, warf ich ein, »in Münster gibt es aber doch noch den Salon Schwarzmann, gleich neben dem Rathaus«.

»Da gehen doch nur Marktweiber hin«, beschied er mich abschätzig.

Ich überlegte fieberhaft, ob von Berg Junggeselle sei, so einer, der sich ganz der Wissenschaft verschrieben und deshalb kein Privatleben habe. Schließlich entschied ich mich doch für eine tragische Variante:

»Frau von Berg können Sie gar nicht kennen«, sagte ich.

»So, warum nicht?« fragte er patzig.

»Weil von Berg schon verwitwet war, als er vor fünf Jahren nach Münster berufen wurde. Seine Frau soll eine ganz reizende Person gewesen sein. Als ich meine Stelle bei ihm antrat, lief er noch jeden Tag mit schwarzer Krawatte herum. Das hat ausgesehen, mit dem weißen Kittel! Von Berg hat wohl sehr an ihr gehangen. Hat nicht wieder geheiratet.«

»Und er selbst«, fügte ich hinzu, weil ja nicht auszuschliessen war, daß mein Gegenüber auch einen Herrensalon in Münster betrieben hatte, »er selbst, dieser Professor von Berg, wäre der ideale Kandidat für Ihr Institut: so einen Glatzkopf haben Sie überhaupt noch nie gesehen. Der braucht sich wirklich nicht die Haare schneiden zu lassen. Wenn ich mit ihm privat zusammensaß, pflegte er sich zuweilen langsam mit der Hand über den Kopf zu streichen und zu sagen, ›daß ausgerechnet ich als Dermatologe so kahl bin, das ist schon ein Treppenwitz der Wissenschaftsgeschichte.‹«

Gut pariert, dachte ich. Aber auf mich lauerte noch eine weitere Attacke:

»So, so, Treppenwitz von was? Von Wissenschaftsgeschichte? Worüber haben Sie denn Ihre Doktorarbeit geschrieben? Auch über so eine Wissenschaftsgeschichte?« fragte der Chef grinsend.

Glücklicherweise war ich auf diese Frage vorbereitet:

»Über Trichotillomanie«, antwortete ich ohne Zögern. »Ich weiß, daß Sie von Fremdwörtern nichts halten, aber es heißt nun mal so. Es geht um ein Grenzgebiet zwischen Psychiatrie und Dermatologie, nämlich um Leute, die einen Tick haben, die also meschugge sind, leicht verrückt, neurotisch, Sie verstehen? Und der Tick besteht darin, daß Sie sich zwanghaft immer an der gleichen Stelle am Kopf Haare ausreißen. Also praktisch das Gegenteil von Ihren Patienten, Chef.«

Ich hatte gewonnen. Ein breites Grinsen überzog sein Gesicht, das Oberlippenbärtchen wurde noch dünner.

»Also, Sie haben einen Doktor gekriegt, weil Sie herausgefunden haben, daß Leute, die sich die Haare ausreißen, einen Hau haben. Das hätte ich dir auch ohne Studium sagen können.«

Mit diesem Ausruf sprang er von seinem Chefsessel herunter, reichte mir die Hand und sagte: »Auf eine gute Zusammenarbeit, Dokterchen. Wann kannst du anfangen?«

Der plötzliche Wechsel zum Du signalisierte mir eindeutig, daß ich in die Betriebsfamilie aufgenommen war.

»Am kommenden Montag«, erwiderte ich hastig.

»Geht es nicht früher?« insistierte er.

»Leider ganz ausgeschlossen«, sagte ich eingedenk eines Rendezvous, das ich mit einer befreundeten Münchener Dermatologin für das kommende Wochenende vereinbart hatte, um mir an einer mit Latex überzogenen Perückenbüste das fachgerechte Spritzen in die Kopfhaut beibringen zu lassen. Ich wollte schließlich nicht ganz unvorbereitet meine neue Stellung antreten.

»Was nicht geht, geht nicht«, stellte er resignierend fest.

»Aber wenn du jetzt schon mal da bist, dann kannst du mir ruhig ein wenig helfen. Ich bin nämlich gerade dabei, neue Prospekte zu entwerfen. Da lernst du gleich etwas über die Zusammensetzung unserer Kundschaft: Unsere Patienten sind zu 99 Prozent männlich. Ich habe, seit das Institut existiert, erst zwei Frauen behandelt und die hatten ihre Haare bei der Krebstherapie eingebüßt. Frauen neigen seltener zur Glatzenbildung. Elisabeth I. von England war sowieso eine Ausnahme. Und was hatte die für Mützen und Kronen! Hab ich mir alles im Tower angeschaut und fotografiert. Das weibliche Perückenwesen ist ja auch viel besser entwickelt. Bei Männerfrisuren sollte man den Haaransatz sehen können, und das bringt eine Perücke nie so richtig.«

Das Telefon klingelte.

»Ja bitte …?

Ja natürlich … …

Wäre mir schon sehr daran gelegen, wenn Sie vorher zu einem eingehenden Beratungsgespräch zu uns kommen könnten …..

Tja, ja …jap …

Ist ja schließlich eine schwerwiegende Entscheidung und eine nicht unerhebliche Investition … … … …

So, also Sie haben sich schon entschieden? … … … …..

Mir wäre es trotzdem lieber, wenn Sie die Entscheidung nach unserer ersten Begegnung noch einmal überschlafen würden …

ja … ….ja, ja, … … …ja … … …..ja klar … … … …

Nun gut … … … …..

Zeit ist Geld, da haben Sie ja auch wieder recht … … … … … …

Aber Ihr Risiko … … … … …..

Termine? … … … … … …..ja, wäre der 16. und 17. Ihnen genehm? … …..

Nein, geht leider nicht an einem Tag … … ….:

Eine gute Implanterin schafft 1000 Haare in zwei Stunden …

Sie legen doch Wert auf dichte Implantation … … … … ….

also 10 000 sollten es schon sein … … … ….

ja, ja … … ….

60 000 zuzüglich Mehrwertsteuer … … ….

ja, ja ….

eigener Dermatologe … … …..

universitäre Spitzenkraft … … … ….

ja, besten Dank … ….ja … … …

wünschen Sie, daß unser Sekretariat Hotel reserviert? ….

ja … gut, gut … …macht Ihr Haus direkt … … ….ausgezeichnet, besten Dank ….

ja, geht auch bargeldlos …aber Cash wäre natürlich für Sie diskreter ….wie Sie wünschen ….

Auf Wiederhören.«

Er legte den Hörer erleichtert auf.

»So geht das jeden Tag. Wir arbeiten mit Wartelisten. Macht sich übrigens gut. Auch meine Bitte, die Sache noch mal zu überschlafen, bevor der Vertrag unterschrieben wird, hat sich immer wieder bewährt. Wenn die Leute das Gefühl haben, man dränge sich ihnen nicht auf, sei auf sie nicht angewiesen, wolle sie eher abwimmeln, dann unterschreiben sie am liebsten sofort.«

Hüpfend lief er vor mir auf und ab:

»Unsere Patienten dürfen natürlich finanziell nicht schwach auf der Brust sein. Unter vierzigtausend Mark verläßt hier niemand das Lokal. Einmal kam hier so ein Arbeiter, der hat seine ganzen Ersparnisse angeschleppt. Hat mir richtig weh getan, bei dem zu kassieren. Wir haben ihm seinerzeit noch 1000 Haare gratis eingepflanzt. Ich bin ja kein Unmensch.

Normalerweise kommt zu uns alles vom selbständigen Handwerksmeister aufwärts. Wir haben Lufthansakapitäne, Manager, die ein bißchen dynamischer wirken wollen, Universitätsprofessoren, Gewerkschaftsführer kurz vor der Zweitehe, Prominente aus dem Showgeschäft. Ich will hier keine Namen nennen. Aber du würdest dich wundern, wer alles bei uns schon Kunde war.«

Plötzlich hielt er inne, wurde ernst und setzte sich vor mir auf den Tisch:

»Bei dieser Art von Kundschaft ist es natürlich wichtig, daß die Patienten nicht miteinander in Berührung kommen. Kurz nach der Eröffnung des Instituts ist mir so ein Malheur passiert: Zwei Oberbürgermeisterkandidaten aus derselben Stadt liefen sich hier auf dem Parkplatz über den Weg. Mein Gott, war das peinlich! Alle unsere Patienten haben ein kleines Problem mit ihrem Selbstbewußtsein. Sie wollen mit der Peinlichkeit der Haarimplantation möglichst allein sein. Nur in unserer Filiale in Griechenland ist das anders. Da kommt die ganze Familie mit. Das ist jedesmal ein Drama. Da wird gelacht, geschrien und geweint.

Ganz wichtig, im übrigen: Keine Witze während der Behandlung. Seriosität ist das, was unsere Patienten wünschen. Deshalb möchte ich dich vor den Patienten nur im Arztkittel sehen.«

»Stört es Sie, wenn ich meine Dienstkleidung von der Universität Münster weiter benutze?« fragte ich vorsichtig. (Ich hatte bei studentischen Nachtwachen zwei schöne Kittel mitgehen lassen.) »Da ist allerdings das Universitätswappen auf der Brusttasche des Kittels aufgestickt.«

»Na, du stellst ja Fragen! Genau so etwas können wir hier brauchen. Das macht was her. Das vermittelt Qualität und Sicherheit. Auf so was stehen gerade unsere Patienten aus der Wirtschaft.« Sein Gesicht hatte sich gerötet. Er hatte Feuer gefangen.

»Und noch eines: Während der Behandlung darf sich der Patient nicht im Spiegel sehen. Er soll nur am Ende das Ergebnis beurteilen. Die Zwischenschritte sehen einfach verboten aus.« Er hielt einen Moment inne: »Hast du auch Mundschutz mit Universitätswappen?« Als ich es verneinte, fuhr er fort: »Aber Mundschutz und Gummihandschuhe solltest du zum Spritzen schon tragen. Auch eine Haarhaube wäre nicht schlecht. Du hast ja noch ziemlich volles Haar. Das sollte den Patienten nicht interessieren. Der soll sich voll auf sein Haar konzentrieren. Wir wollen, um es ein bißchen gespreizt auszudrücken, hier eine richtig klinische Atmosphäre haben.«

Ich erhob mich und sagte: »Sie wollten mir doch noch Ihr neues Prospektmaterial zeigen.«

Er führte mich in einen Nebenraum, wo Manuskriptseiten und Fotos auf einer großen Arbeitsplatte ausgebreitet waren. »Wir versuchen, eine neue Werbeschrift für die geistige Welt, in der unser Marktsegment noch sehr klein ist, zu schaffen. Ich habe einen Freund, einen Deutschlehrer, der hat mir einen Entwurf gemacht. Schau dir den mal bis Montag durch. Ich kann das einfach nicht beurteilen, ob so ein Text die sogenannten Intellektuellen wirklich anspricht.«

Als ich auf der Fahrt von Bielefeld nach München im Speisewagen das Manuskript überflog, mußte ich mehrfach unwillkürlich lachen. Die mir gegenübersitzende Dame versuchte sich auf einen Artikel in der ZEIT zu konzentrieren, was ihr infolge meiner Heiterkeitsausbrüche immer weniger gelang. Schließlich legte sie etwas indigniert das Blatt beiseite und fragte: »Worüber lachen Sie?«

»Verzeihen Sie«, erwiderte ich, »ich konnte einfach nicht mehr an mich halten. Ich lache über Haare.«

»Über Haare?« fragte sie ungläubig. »Wie kann man über Haare lachen?«

»Nun ja«, sagte ich, »es handelt sich eigentlich um Texte für eine Werbeschrift, mit der dem Leser die Vorteile schöner und vor allem vieler Haare nahegebracht werden. Der Autor hat sich aus dem Reimlexikon alles, was sich auf Haar reimt, herausgesucht und, wie ich finde, zu ziemlich unbeholfenen Versen verarbeitet. Wollen Sie mal ein paar Kostproben hören?«

Sie nickte resigniert.

»Aber bitte seien Sie nicht gleich entsetzt«, sagte ich.

»Nein, nein«, erwiderte sie. Und mit einer Stimme, die alles andere als Interesse auszudrücken schien: »Ich bin schon richtig gespannt. Schießen Sie los.«

»Also, auf Ihre Verantwortung«, sagte ich:

»Unter der Bärenfellmütze
trägt der Husar
gar nicht wahrnehmbar
sein Haar.«

»Na, ja«, sagte sie. »Der nächste Vers wird sicher besser.«

Ich fuhr fort:

»Der Kommissar
schreibt lapidar
ins Leichenschauscheinformular:
Der Tote ist ganz ohne Haar.«

»Ist das nicht zu negativ für eine Werbeschrift?« warf sie ein und zündete sich eine Zigarette an.

»Sie haben recht«, erwiderte ich. »Unserem Autor scheint es schwer zu fallen, ständig einen Bezug zum Haar herzustellen, noch dazu einen positiven.«

»An der Bar
trinkt der Zar
Tee aus einem
Samowar.«

»Das gefällt mir bisher am besten. Vielleicht weil da überhaupt kein ›Haar‹ mehr vorkommt. Wenn Sie wollen, dichte ich Ihnen eine Fortsetzung.« Sie überlegte einen Moment. »Wie wäre es denn mit:

Offenbar
hat der Zar
ein Reservoir
von Kaviar.«

»Sie sind ein Genie«, sagte ich. »So was schütteln Sie einfach aus dem Handgelenk? Wissen Sie, daß ich vor einer solchen Aufgabe stundenlang ohne einen guten Einfall sitzen würde?«

»Genie? Sie müssen nicht gleich übertreiben! Diese Art von primitiven Gebrauchsgedichten sind wirklich nichts besonderes, wenn Sie sich viele Semester mit deutscher Sprache beschäftigen mußten. Es ist so ein bißchen wie Schiffeversenken oder Kreuzworträtsellösen. So eine befriedigende, halbautomatische Tätigkeit.«

»Ich bewundere Sie trotzdem«, sagte ich. »Das nächste Gedicht hat übrigens wieder einen traditionelleren Haarbezug:

Ist es nicht recht sonderbar,
daß ein reifer Jubilar
fährt in einem Jaguar
und bezahlt viel Honorar
für ein kleines bißchen Haar?«

Was ich nicht vorlas, war die Anmerkung des »Chefs« mit Rotstift: »Sehr witzig, willst du mich ruinieren?«

Sie nickte geduldig.

»Und jetzt das letzte, da fehlt leider auch wieder der Reim auf ›Haar‹:

Wunderbar
ist's im Boudoir,
wenn das Liebespaar
ohne Kinderschar.«

»Oh, wie wahr« seufzte sie.

»Haben Sie Kinder?«

»Ja, zwei, die auch recht nett sind« erwiderte sie. »Aber die beiden haben einen untrüglichen Sinn, wann man sie gerade nicht um sich haben will. Und genau dann brechen sie in mein Schlafzimmer ein unter Vorwänden wie ›Mama, ich habe einen Alptraum‹. Dann mag man sie so richtig gerne.«

»Wer kümmert sich jetzt um Ihre Kinder?« fragte ich beiläufig.

»Das macht meine Kinderfrau. Ich bin viel unterwegs und als alleinerziehende Mutter unbedingt auf Personal angewiesen. Von Haus aus bin ich eigentlich Germanistin, habe aber zur Unternehmensberatung hinübergewechselt. Das ist ein zeitaufreibender Job, der mit viel Reisen verbunden ist.

Und Sie, Sie arbeiten in der Werbebranche?«

»Sehe ich so aus?« fragte ich lächelnd. »Nein, ich bin Arzt, genauer gesagt Dermatologe, habe aber immer ein Bein in der Psychiatrie behalten. Kinder habe ich leider nicht, aber ich mag es, wenn meine Freundinnen welche haben.«

Abends im Bett – wir hatten ein Hotel genommen und der Kinderfrau Bescheid gesagt, daß wichtige geschäftliche Angelegenheiten ihre Rückkehr nach Hause verzögerten – las ich ihr den zweiten Teil der Werbeschrift jenes famosen Deutschlehrers vor:

»Das Haar in der deutschen Lyrik«, begann ich.

»Das klingt ja vielversprechend«, kicherte sie. »Solche Aufsätze könnte man wahrscheinlich über jedes Körperteil schreiben.«

»Willst du es nun hören oder nicht?« ermahnte ich sie.

Sie kuschelte sich an mich und flüsterte: »Ich höre.«

»Welch eminenten Platz das Haar in der deutschen Lyrik einnimmt, kann man erst ermessen, wenn man sich bewußt macht, daß die zwei zentralen Werke der deutschen Lyrik ohne Haare überhaupt nicht denkbar wären«, hub ich an. *»Dem kundigen Leser wird es nicht schwerfallen zu erraten, welche Gedichte hier gemeint sind.«*

»O bitte, laß mich raten, das ist ja mein altes Fach«, unterbrach sie mich. »Also ich tippe auf die Loreley, das ist ja klar. Aber ein zweites berühmtes deutsches Haargedicht … da muß ich passen.«

»Also mit Heine liegst du richtig, und das zweite Gedicht ist, folgt man unserem Autor«, ich machte eine kleine Kunstpause, »Celans ›Todesfuge‹.«

»Dem scheint ja für seine Haarwerbeschrift wirklich nichts heilig zu sein«, empörte sie sich.

»Warte nur, es kommt noch besser:

Daß beide Gedichte von deutschsprachigen jüdischen Mitbürgern geschrieben wurden, soll hier nichts zur Sache tun.«

»O Gott ist dieser Kerl schrecklich«, stöhnte sie. »Aber unter dem Gesichtspunkt der Haarwerbung hat er natürlich recht.«

»Spar dir noch ein bißchen Empörung auf«, ermahnte ich sie. »Jetzt werden wir erst einmal belehrt, daß Heine überhaupt berechtigt war, die ›Loreley‹ zu verfassen:

Daß man vor Auschwitz Gedichte schreiben durfte, wird selbst von Adorno nicht bezweifelt. Er hielt es nicht einmal für ›barbarisch‹. Celans ›Todesfuge‹ wiederum gab ihm Anlaß, an seinem eigenen Verdikt zu zweifeln.«

»Mit diesen verhinderten Dichtern und Verlagslektoren, die nachher alle doch Gymnasialpauker werden, habe ich fünf Jahre im Seminar gesessen«, rief sie und goß sich ein wenig Wein ein. »Das kann man ja nicht mal mit einem Schwips ertragen.«

»Soll ich lieber aufhören, quäle ich dich zu sehr?«

»Nein, nein, mach schon weiter.«

»Also jetzt wird es ein wenig schlüpfrig« sagte ich:

»Heines Loreleylied enthält zwei zentrale Strophen:

Die schöne Jungfrau sitzet
Dort oben wunderbar
Ihr goldnes Geschmeide blitzet
Sie kämmt ihr goldenes Haar
Sie kämmt es mit goldenem Kamme
Und singt ein Lied dabei
Das hat eine wundersame
gewaltige Melodei

Das goldene, oder wie wir heute sagen würden, das blonde Haar ist das wichtigste Attribut der geheimnisvollen Frau. Was Heine nicht ausspricht, ist die Tatsache, daß Loreley vollkommen nackt dort auf dem Felsen über dem Rhein sitzt. Außer Schmuck und eben ihrem Haar hat die junge Frau nichts an. Das Haar ist lang und bedeckt ihre Blöße, solange sie es nicht kämmt. Wenn sie es aber anhebt, um den goldenen Kamm durch die nicht minder goldenen Strähnen zu ziehen, dann wird etwas von ihrer körperlichen Schönheit offenbar, das die Rheinschiffer so betört, so blendet, daß sie vergessen, ihre Boote zu steuern, zusammenstoßen, in Strudel geraten und schließlich elendiglich untergehen.«

»Wie gefallen dir eigentlich meine Haare?« fragte sie und schüttelte ihre Locken.

»Sie gefallen mir sehr. Nach den erotischen Theorien unseres Autors, die ich nicht teile, wären sie allerdings zu kurz. Höre, was er dazu zu sagen hat:

Heine thematisiert hier also das Haar als erotischen Attraktionspunkt, welches gleichzeitig durch seine Funktion, die reine Nacktheit zu verdecken, die Verwirrung der Sinne des Betrachters noch erhöht.«

Sie umarmte mich und versuchte, mir das Manuskript zu entreißen. Ich hielt es hoch, so daß sie es nicht erreichen konnte. »Willst du nicht wissen, was für Folgen es hätte, wenn die Loreley 'ne Glatze hätte?«

»Nein, will ich nicht«, schrie sie.

»Doch, das mußt du wissen:

Es bedarf keiner besonderen Ausführungen, daß das Gedicht – wäre Loreley kahlköpfig – seinen ganzen Reiz verloren hätte. Darüber hinaus könnte sie sich dann auch nicht die Haare kämmen und damit wäre auch diese Metapher ruhiger, narzißtischer Selbstbezogenheit dahin.«

Sie hatte ruhig zugehört, mich in Sicherheit gewiegt, mir beim Vorlesen das Haar gestreichelt, um mir jetzt mit einem schnellen Griff den Text aus der Hand zu reißen. »So, jetzt ist Schluß mit dem Schund, wir haben besseres zu tun«, rief sie und warf das Manuskript in die Ecke. »Kannst du jetzt verstehen, warum ich Unternehmensberaterin geworden bin?«

Sie bestellte beim Roomservice etwas zu essen und eine weitere Flasche Weißwein.

Es wurde noch ein richtig netter Abend.

Pünktlich am Montag trat ich meinen Dienst an und wurde von Dr. Warga, dem zweiten Arzt des Institutes, in meine Tätigkeit eingeführt. Dr. Warga, ein ungefähr fünfzigjähriger Kettenraucher mit leichtem Tremor, war im Gegensatz zu mir kein Facharzt für Dermatologie, sondern nur Allgemeinarzt und erhielt deshalb auch nur etwas mehr als die Hälfte meines Honorars. Das waren immer noch fast 9000 Mark im Monat, und zwar bar auf die Hand. Und darauf kam es Dr. Warga entscheidend an, denn er gab sich, wie mir Mandy bald vertraulich berichtete, gegenüber seiner geschiedenen Frau, die ihn mit Unterhaltsklagen verfolgte, vermögens- und einkommenslos.

Schon beim ersten Patienten, einem Installateurmeister mit großem Wagen und großen Händen, zeigte sich, daß meine Trockenübungen am Wochenende unter Anleitung meiner Freundin sich gelohnt hatten. Es gelang mir anstandslos im richtigen Winkel mit der Kanüle in die Kopfhaut des vierschrötigen Mannes zu stechen und die sich bildenden Hügel aus Anästhesieflüssigkeit gleichmäßig wegzudrücken, so daß bald die beiden Implanterinnen ihr Werk beginnen konnten. Mit großem Geschick und in Windeseile – sie wurden nach Akkord bezahlt – setzten sie Haar für Haar in die betäubte Kopfhaut. Ich zog mich zurück, blieb aber in Rufbereitschaft, um im Falle des Nachlassens der Betäubung nachzuspritzen.

Während Dr. Warga mich in unserem Aufenthaltsraum mit seinen zweijährigen Instituts-Erfahrungen vertraut machte, geschah etwas Ungeheures: In dieser Villa, in der es normalerweise so leise wie in einem Trappistenkonvent zuging, erhob sich plötzlich ein schrecklicher Lärm. Jemand brüllte so entsetzlich, daß Dr. Warga und ich zunächst annahmen, unserem Installateurmeister sei etwas zugestoßen, eine Implanterin habe versucht, ihm ein Kunsthaar ins Auge einzupflanzen oder etwas ähnliches. Nach und nach ließen sich aus dem Lärm einzelne Satzbrocken aussondern und verstehen: »Schauen Sie her, wie ich aussehe ….. Sie Verbrecher … … Geben sie mir die siebzig Mille zurück, und zwar sofort … …Eher gehe ich hier nicht raus … … Was, Sie wollen mir mit der Polizei drohen … … die hol ich gleich selber … …die nehmen Sie mit … … … dafür werd ich sorgen … … …Sie hätte mich gewarnt, Sie Rindvieh, … nicht föhnen …«

Nach diesem letzten Ausruf sagte Dr. Warga ganz sachlich: »Ach so, das ist ein ›Föhnfall‹.«

»Wie bitte?« fragte ich.

»Hat man das Ihnen nicht gesagt?« erwiderte Dr. Warga. »Sie dürfen die eingepflanzten Kunsthaare unter keinen Umständen föhnen, also mit hohen Temperaturen in Verbindung bringen. Das Kunsthaar kräuselt sich dann zu winzigen Korkenzieherlöckchen, im Extremfall schmilzt es sogar zusammen. Wenn Sie so in wenigen Minuten siebzigtausend Mark vernichten und dann auch noch absolut verboten aussehen, dann kriegen Sie natürlich eine gehörige Wut. Stellen Sie sich einen glatthaarigen, geschniegelten Manager vor, dessen früherer Glatzenbereich plötzlich nicht mehr von teuer erworbenem Kunsthaar, sondern von einer Art ›Afrogekröse‹ besetzt ist. Der kann sich auf keiner Vorstandssitzung mehr sehen lassen, ohne Heiterkeit zu erregen. Und wenn er sich alles abrasieren und die Kunsthaare entfernen läßt, dann bleiben häßliche Narben. Dann greifen Sie, siebzigtausend Mark ärmer, wieder zum guten alten Toupet und fühlen sich wie ein Esel.«

»Was macht denn der Chef« – es war inzwischen ruhig geworden – »mit solchen Föhnkunden?« fragte ich.

»Entweder bietet er Ihnen eine Neuimplantation zum halben Preis an, der aber dann auf jeden Fall in bar zu entrichten ist, oder kostenlose Entfernung der Implantate plus ein Toupet als Zugabe. Geld zurück, das gibt's beim Chef nicht. Da ist er eisern«, sagte Dr. Warga.

Kurze Zeit später kam der Chef zu uns in den Aufenthaltsraum. Er war etwas verschwitzt und außer Atem: »Dieser Groß, der Automatenaufsteller, ist ein harter Brocken. Brandstiftung in einer seiner Spielhallen. Er rennt, geldgierig wie er ist, noch mal in das bereits brennende Hinterzimmer, um die Kasse zu retten, holt sich ein paar schlimme Brandwunden und ist wütend darüber, daß unser Kunsthaar solche waghalsigen Abenteuer nicht übersteht. Habe ihn mit zwei Toupets abgefunden.«

Ich wurde zum Nachspritzen gerufen.

Meine Zeit beim Institut verlief insgesamt recht angenehm und kurzweilig.

Dreimal pro Woche spritzen brachte 16 000 Mark im Monat.

Zweimal assistierte ich einer Serie von Haarimplantationen in Thessaloniki mit griechischer Familienbeteiligung. Da »Mutti« das griechische Essen zu »ölig« war und sie deshalb lieber zu Hause blieb, durfte Mandy im Hotelzimmer des Chefs mitübernachten. Abends, nach getaner Arbeit, veranstaltete er jedesmal eine große Sause mit der ganzen Belegschaft in gemütlichen Restaurants. Der Chef gab sich in Griechenland überhaupt immer sehr aufgeschlossen. Griechenlandeinnahmen galten, wenn ich mich recht erinnere, der Landessitte entsprechend als vollständig steuerfrei.

Einmal ließ sich in einem Hamburger Spitzenhotel unter großer Geheimhaltung ein berühmter Unterhaltungskünstler behandeln, der nur an einer bestimmten Stelle seines Kopfes ein paar Haare eingepflanzt bekommen wollte. Der Spaßvogel blieb während der ganzen Behandlung sehr ernst.

Medizinisch habe ich mir während meiner Zeit beim Institut nichts zuschulden kommen lassen. Ich habe sogar eine Neuerung eingeführt, die die Implantation schmerzfreier und das Nachspritzen meist entbehrlich machte: Ich verdoppelte nämlich die Dosierung des zu spritzenden Anästhetikums.

Daß ich schließlich nur drei Monate blieb, hatte zwei Gründe:

Einmal hatte der Chef im Zuge der beängstigenden Expansion des Instituts einen Manager eingestellt, der nach Untersuchung der Personalkosten vorschlug, mein Honorar dem des Dr. Warga anzugleichen, was de facto bedeutete, daß ich in Zukunft nur noch 9000 Mark im Monat verdienen sollte. Nun sind 9000 Mark immer noch eine schöne Summe Geldes, ich hätte mich damit auch durchaus abfinden können. Ein anderer Aspekt dieses Vorschlages, nämlich die in ihm enthaltene Abwertung meiner Persönlichkeit, veranlaßte mich jedoch, das Beschäftigungsverhältnis zu beenden. Der Leser wird ja aus anderen Passagen meiner Aufzeichnungen bereits wissen, daß es mit meinem Selbstbewußtsein nicht zum besten bestellt ist. Mein hochgemutes, selbstsicheres, manchmal auch herrisches Auftreten ist nicht Ausdruck einer ebensolchen Persönlichkeit. Nein, mein Ich ist zuweilen kleinlaut, ängstlich und vollkommen unfähig, Aggressionen anderer länger auszuhalten. In solchen Situationen bleibt mir nur die Pose des beleidigten Rückzugs. Alles andere kann ich mir gar nicht leisten. Zurückschlagen kann ich nur, wenn ich das sichere Gefühl habe, ohnehin über die stärkeren Bundesgenossen zu verfügen. Schon wenn ich eine Situation nicht genau einschätzen kann, ziehe ich mich lieber zurück, denn mein oberstes Prinzip ist es unter allen Umständen, Demütigungen zu vermeiden.

Einen Tag, nachdem ich von den Gehaltskürzungsplänen erfahren hatte, geschah etwas, das mich endgültig davon überzeugte, daß es klug sei, meine Tätigkeit beim Institut ohne weiteres Zuwarten so schnell wie möglich zu beenden.

Am frühen Vormittag wurde ich gerufen, um einen Patienten lokal zu betäuben, von dem ich durch einen kurzen Blick in die Patientenakte wußte, daß es sich um einen »Juristen« aus dem norddeutschen Raum handelte. Im Institut war es üblich, daß die Implanterinnen, bevor sie dem Arzt Bescheid sagen, den Patienten bereits auf dem Stuhl fixiert, die Kopfhaut mit Alkohol gesäubert und das Spritzbesteck samt den Ampullen bereitgelegt haben. Ich betrat also in Begleitung von Mandy, angetan mit Haube, Mundschutz und Arztkittel den Behandlungsraum, sah einen Glatzkopf von hinten im Behandlungsstuhl, stellte mich halb seitlich vor ihn, ergriff seine auf der Armlehne liegende Hand, schüttelte sie und sagte: »Ich bin Dr. Postel, ich werde jetzt bei Ihnen eine lokale Betäubung durchführen. Sind Sie allergisch gegen irgend etwas? Auf unserem medizinischen Fragebogen haben Sie nichts angekreuzt.« Der Patient erwiderte überraschend: »Kann ich mit Ihnen einen Moment unter vier Augen sprechen?« Ich hatte ein ungutes Gefühl, weil mir die Stimme irgendwie bekannt vorkam und weil der Patient mich unter Weglassung des Doktortitels angesprochen hatte. Gleichwohl antwortete ich souverän: »Unsere Mitarbeiterinnen unterliegen alle der ärztlichen Schweigepflicht, aber ich kann sie bitten, einen Moment den Raum zu verlassen.« Ein Blick von mir und die beiden Damen verschwanden.

Der Patient sagte, sobald sich die Türe hinter den beiden geschlossen hatte:

»Ich habe starke allergische Reaktionen gegen Wiederholungstäter, oder tue ich Ihnen etwa Unrecht, Herr Postel? Haben Sie vielleicht inzwischen ehrlich das Abitur gemacht und Medizin studiert und promoviert und, und, und?«

Mir fiel es wie Schuppen von den Augen. Ich hatte mich von der Berufsbezeichnung »Jurist« täuschen lassen. »Jurist« klang so neutral, so nach Syndikusanwalt. Aber natürlich: auch wenn man bei der Strafjustiz in Norddeutschland tätig war, konnte man ja diese Berufsbezeichnung angeben. Vor mir auf dem Behandlungsstuhl lag niemand anderes als Dr. O. (die Nennung seines Klar-Namens verbietet mir auch heute noch die ärztliche Schweigepflicht), der sich einst um die Ahndung meiner frühen Hochstapeleien gekümmert hatte. Erkannt hatte ich ihn unter anderem deshalb nicht, weil er bislang ein Toupet getragen hatte.

Eigentlich sollte Richtern und Staatsanwälten das Tragen von Toupets verboten werden. Ein Berufsstand, der so stark der Wahrheit verpflichtet ist, sollte mit einer wandelnden Unwahrheit, einer ständigen Täuschung, wie sie ein Toupet nun einmal darstellt, nichts zu tun haben. Dieser Gedanke half mir in der konkreten Situation allerdings nicht weiter.

Ich überlegte hin und her, wer von uns beiden in der mißlicheren Lage sei: er, fixiert auf dem Behandlungsstuhl und schon um 60 000 Mark erleichtert, auf der Suche nach einem dynamisch-jugendlichen Aussehen und nun vielleicht gezwungen, die näheren Umstände meiner Enttarnung in öffentlicher Hauptverhandlung zu bekunden, oder ich als erneut entdeckter falscher Arzt.

Da mir in diesem Moment sowieso alles gleichgültig war, sagte ich ganz ruhig:

»Nach dieser Art von Allergien hatte ich nicht gefragt. Mich interessiert nur, ob Sie das von uns verwendete Anästhetikum vertragen. Ich spritze im übrigen hervorragend und vergleichsweise schmerzfrei. Wenn Sie jedoch eine Betäubungsspritze durch unsern Herrn Dr. Warga wünschen, läßt sich das ohne weiteres machen, er stünde in fünf Minuten zur Verfügung.«

Dr. O. sah mich leicht gequält aus seiner fixierten Liegeposition an.

Ich fuhr fort: »Sie können natürlich einen Skandal machen, mich anzeigen und dann vor Gericht gegen mich aussagen. Ich würde in einem Prozeß sowieso schweigen und könnte Ihnen daher ein Erscheinen als Zeuge nicht ersparen. Der Prozeß würde ja in Bielefeld stattfinden. Ob Ihr Auftritt sich vor Ihrer Heimatpresse, vor Ihrer Dienststelle wirklich geheimhalten ließe, kann ich selbstverständlich nicht garantieren. Immerhin haben meine Prozesse stets einige Aufmerksamkeit gefunden.«

Da Dr. O. noch immer nichts erwiderte, sagte ich schließlich nach einer kurzen Pause:

»Wie ich hier aus Ihren Unterlagen ersehe, haben Sie heute morgen 60 000 Deutsche Mark eingezahlt. Die Dame im Sekretariat hat schon geflucht, weil ›der Jurist aus Norddeutschland‹ in kleinen Scheinen, in 10ern, 20ern, 50ern und 100ern gezahlt hat und sie fast eine halbe Stunde mit Nachzählen beschäftigt war. Stammt das direkt aus dem Sparstrumpf, hat Ihnen das ein Bekannter geliehen oder zahlt Ihre Bank Darlehensvaluta dieser Größenordnung in so winziger Stückelung aus? Ich will da nichts unterstellen. Ich frage ja nur.«

»Na, Postel, treiben Sie es nicht zu bunt. Sie sind schneller im Gefängnis, als Sie glauben«, sagte er mit quäkender, um Entschlossenheit bemühter Stimme.

Ich erwiderte: »Dr. O., darf ich Ihnen einen Vorschlag zur Güte machen? Ich kündige meinen Job hier noch heute und Sie lassen sich von Dr. Warga spritzen. Wir beide haben uns hier nie gesehen. Was halten Sie davon?«

Nach außen hin belehrend und großzügig, aber eigentlich mit spürbarer Erleichterung in der Stimme sagte er: »Uns Strafjuristen kommt es schließlich aufs Ergebnis an. Wenn ich Sie wirklich zur Beendigung dieser strafbaren Tätigkeit bewegen kann, dann läßt sich Ihr Vorschlag schon hören. Spritzt denn Dr. Warga gut und hat er wenigstens Medizin studiert?«

»Er ist ein echter und erfahrener Arzt. Als Kettenraucher zittert er natürlich manchmal beim Ansetzen der Spritze, und das kann vorübergehend ein bißchen weh tun. Aber darüber sind wir uns ja wohl einig: wer Gerechtigkeit will, muß dafür auch Opfer bringen«, sagte ich.

»Also gut, Postel«, sagte Dr. O. »Holen Sie mir den Warga. Wenn ich heut' abend dieses Etablissement verlasse, will ich Sie hier nicht mehr sehen. Und im übrigen: Glauben Sie ja nicht, daß Sie mich mit dieser blöden Kunsthaargeschichte irgendwie erpressen können. Da ich Sie nun wirklich rein außerdienstlich hier angetroffen habe, bin ich nicht verpflichtet, Sie anzuzeigen, und werde es auch nicht tun. Wenn Sie aber Ihr Wort nicht halten, dann gnade Ihnen Gott!«

Ich schüttelte ihm die Hand und sagte ganz fürsorglich zum Abschied: »Bitte denken Sie daran: das implantierte Kunsthaar nie föhnen, sonst ist es futsch und die sauer ersparten 60 Mille gleich mit. Also, alles Gute, Dr. O.!«

Unter dem Vorwand, indisponiert zu sein, bat ich Dr. Warga, an meiner Stelle die Behandlung von Dr. O. zu übernehmen. Ich verließ mit meinen Habseligkeiten das Institut, gab Mandy, die mir beim Ausgang über den Weg lief, noch einen Kuß, übrigens den ersten und letzten, und begab mich schnurstracks zum Bahnhof, um den Zug nach Münster zu besteigen, in der freudigen Erwartung, mich wieder ohne Ablenkung ganz meinem geliebten Theologiestudium widmen zu können. Dem Chef schrieb ich einen Dreizeiler, in dem ich ihm mitteilte, daß es für mich nach der vorgeschlagenen Gehaltskürzung angesichts meiner Qualifikation keine Basis für eine weitere Zusammenarbeit gebe. Sein Verhalten enttäusche mich. Finanzielle Ansprüche – so schloß ich den Brief – hätte ich keine mehr. Das war im übrigen die reine Wahrheit, denn dies alles hatte sich just zu Monatsanfang ereignet. Es war gerade erst zwei Tage her, daß ich die letzten 16 000 Mark – in bar – ausgezahlt bekommen hatte.

Von Dr. O. habe ich nie wieder etwas gehört.

Meiner Unternehmensberaterin begegnete ich ab und an in schnellen Eisenbahnzügen. Sie grüßte freundlich. Meist befand sie sich in Begleitung eines silberhaarigen Grandseigneurs, der heftig auf sie einredete. Ihr Gesicht war strenger geworden. Ihre schönen, blonden Locken hatte sie abgeschnitten. Sie trug ihre Haare jetzt ganz kurz. Eine erneute Gesprächsmöglichkeit ergab sich nicht.

Erst im Gefängnis erreichte mich eine anonyme Postkarte, auf der stand nur:

Lieber Gert
Ach wie schön war
noch mein Haar
im Boudoir
des Hotels Vier Jahr-
(eszeiten).

Wie ich einmal zu Unrecht beschuldigt wurde

Wie bei allen Straftätern spukt auch in meinem Kopf eine Hierarchie derer herum, die sozial und achtungsmäßig unter mir stehen. Betritt man ein Gefängnis, so macht man schnell die Erfahrung, daß der normale Gefangene, sei er nun Drogenhändler oder Totschläger, Kinderschänder für den Abschaum der Menschheit hält. Bei mir werden die letzten drei Stufen in absteigender Reihenfolge von Stasi-Leuten, Maklern und Hausdetektiven in Kaiser's-Kaffeegeschäften besetzt. Stasi-Leute und Makler leuchten unmittelbar ein, zumal eine große Anzahl ehemaliger Mitarbeiter Erich Mielkes, gut geübt in Skrupellosigkeit, nach der Wende Makler wurden. Aber Hausdetektive bei Kaiser's Kaffeegeschäft, das bedarf schon einer Erklärung:

Als ich noch mit meiner promovierten Osthistorikerin verheiratet war, aber infolge unserer Plattenbauwohnung oder aus sonstigen Gründen mal wieder unter Depressionen litt, begab ich mich eines Tages in eine Hohenschönhauser Filiale von Kaiser's, um dort für meine Kleinfamilie Lebensmittel einzukaufen. Die Ostberliner Kaiser's-Geschäfte sind übrigens nicht gerade für ihre antidepressive Wirkung bekannt, weil Kaiser's seinerzeit nach der Wende eine Reihe ehemaliger »Konsum«-Läden einfach übernommen und umetikettiert hatte, deren standardisierte Tristesse schon einem einigermaßen ausgeglichenen Menschen das Wasser in die Augen treiben konnte.

Bei diesem Einkauf geschah es, daß ich am Zeitschriftenstand ein Exemplar des »Spiegel« gedankenverloren in meine Manteltasche steckte, allerdings so, daß es deutlich sichtbar aus ihr herausragte. An der Kasse bezahlte ich Käse, Milch und Salat, die in meinem Einkaufswagen gelegen hatten, vergaß jedoch den »Spiegel« mit aufs Förderband zu legen, weil ich

Der Regierende Bürgermeister von Berlin

An das
Brautpaar
Dr. Postel und Gert Postel
A

O - 1095 Berlin

03. Mai 1993

Sehr verehrtes Brautpaar,

aus dem Bundespräsidialamt ist es bis in unsere Hauptstadt gedrungen, daß Sie heute Ihre Hochzeit feiern.

Aus diesem Anlaß wünsche ich Ihnen, daß mit dem neuen Familienstand eine lange Reihe glücklicher Jahre des Verstehens und voll Harmonie beginnt.

Für den heutigen Tag wünsche ich Ihnen eine fröhliche Hochzeitsfeier im Kreise fröhlicher Menschen.

Mit freundlichen Grüßen

Eberhard Diepgen

Berliner Rathaus, O-1020 Berlin-Mitte, Fernruf (0 30) 26 95 - 0 (West-Netz)
24 01 - 0 (Ost-Netz)

längst nicht mehr an ihn dachte und ihn vermutlich nur deshalb in die Manteltasche gesteckt hatte, um ihn von den teilweise feuchten Lebensmitteln getrennt zu halten. Als geistiger Mensch will man ja selbst so ein Magazin wie den »Spiegel« lieber in sauberem und trockenem Zustand lesen. Kurz: Ich vergaß einfach, das Magazin zu bezahlen.

Sogleich, nachdem ich die Kasse passiert hatte, forderte mich ein abgewetzter junger Mann mit Menjoubärtchen, fettigen Haaren und Lederkrawatte in strengem Tone auf, keine Schwierigkeiten zu machen und ihm ins Hausbüro zu folgen. Meine Frage, was das denn solle, beantwortete er knapp mit der Feststellung: »Ich habe Sie beim Ladendiebstahl erwischt.« Dabei wies er mit einer kurzen Handbewegung auf das rote Magazin, das aus meiner Manteltasche ragte. Erst jetzt wurde mir klar, worum es ging. Ich hatte den objektiven Tatbestand eines Diebstahls erfüllt. Sofort erklärte ich, meine Überraschung nicht verhehlend, »Das habe ich übersehen; kann ich das noch bezahlen?« »Das können Sie Ihrer Großmutter erzählen«, war die Antwort. »Kommen Sie jetzt bitte mit!« Ich machte noch einen Versuch: »Das ist ein Irrtum. Meine Frau ist Journalistin. Wir haben den »Spiegel« abonniert. Wir haben so etwas überhaupt nicht nötig.« Der Hinweis auf meine soziale Position war natürlich höchst ungeschickt, denn er spornte die egalitären Instinkte meines Privatpolizisten nur noch weiter an. Über sein Handy rief er Verstärkung herbei. Es blieb mir nichts anderes übrig, als ihm in sein Hausbüro zu folgen, wo er meine Personalien notierte, mir für die Dauer eines Jahres Hausverbot für alle Kaiser's-Läden erteilte, was ich verkraften konnte, und mir im übrigen ankündigte, daß der Vorgang zu einer Strafanzeige führen werde.

Nachdem dieser bedeutende Fall erst einmal in die Hände der Justiz gelangt war, lief alles gegen mich: Ich hatte zwar sogleich der Polizei mitgeteilt, daß ich den »Spiegel« mir nicht hätte zueignen wollen, daß ich darüber hinaus damals wegen einer Depression ständig in ärztlicher Behandlung gewesen sei und auch entsprechende Medikamente verabreicht bekommen hätte. Das alles interessierte die zuständige Amtsanwältin nicht mehr, seit sie meines beeindruckenden Strafregisterauszugs ansichtig geworden war. Nach dem Motto: Wer hochstapelt, stiehlt auch den »Spiegel«, beantragte sie bei der zuständigen

Amtsrichterin den Erlaß eines Strafbefehls. Vierhundert Mark Geldstrafe sollte ich zahlen.

Die Richterin, die mich eigentlich nie bewußt zu Gesicht bekommen hatte, wohl aber ich sie, denn ich besuchte inkognito eine ihrer Hauptverhandlungen (Typ: resolute Matrone, blond gefärbte Haare, ich nenne sie im folgenden der Einfachheit halber »Madame O.«) forderte mich auf, Schweigepflichtsentbindungserklärungen für meine Psychiater beizubringen. Offenbar sollte der »Spiegel«-Diebstahl nach allen Regeln der Kunst untersucht werden.

Ich nahm mir einen Verteidiger, der vergeblich versuchte, in einem sarkastischen Brief dem Gericht die Unangemessenheit der ganzen Prozedur zu verdeutlichen. Er schlug vor, mich doch von dem berühmten (»Tötung des Intimpartners«) Prof. Wilfried Rasch untersuchen zu lassen. Die Beauftragung einer solchen Koryphäe sei doch sicher der Bedeutung des in Rede stehenden Delikts angemessen. Eine der Stärken der Justiz liegt indes darin, daß sie gegen Ironie, Sarkasmus und jede Form von Humor vollkommen immun ist. So auch hier. Die Sache lief einfach weiter. Meine Ärzte wurden angeschrieben, sollten Auskunft über meine Krankheit geben, als sich plötzlich alles zum Besseren wendete:

Kurz nach dem ersten Jahrestag des angeblichen »Spiegel«-Diebstahls, nämlich am 14.11.1994 erhielt die für mich zuständige Amtsanwältin (AAs sind Staatsanwälte minderer Ausbildung, die Klein- und Verkehrsdelikte bearbeiten) einen Anruf, und zwar ein Ferngespräch, das sie zu folgendem Vermerk veranlaßte:

> Richter Blödorn (phonetisch), Amtsgericht Hamburg teilte telefonisch mit, daß der Angeschuldigte Postel am 10. 11. 1994 rechtskräftig wegen Versicherungsbetruges zu einer Freiheitsstrafe von einem Jahr und zwei Monaten mit Bewährung verurteilt wurde (AG Hamburg 26 Ls 466/93).

Diesen Vermerk schickte die Gesprächspartnerin des Richters Blödorn an meine blonde Amtsrichterin Madame O. mit dem Antrag, das »Spiegel«-Diebstahlsverfahren im Hinblick auf die Hamburger Verurteilung einzustellen, da die Strafe, die aus dem Berliner Verfahren zu erwarten sei, gegenüber dem in Hamburg gerade verhängten Freiheitsentzug nicht ins Gewicht falle.

Am 23.11.1998 erhielt meine Richterin dann selbst einen Anruf von Richter Blödorn. Er habe leider seinerzeit der Amtsanwältin gegenüber ein unrichtiges Aktenzeichen angegeben, was ja bei der Arbeitsbelastung, der man heute als kleiner Amtsrichter unterliege, wirklich kein Wunder sei. Das richtige Aktenzeichen laute 56 Ls 487/93. Ansonsten bleibe natürlich alles beim alten, also die Verurteilung wegen Versicherungsbetruges und das Strafmaß. Ein merkwürdiger Kerl sei dieser Postel; habe ja schon mal vor vielen Jahren in Flensburg den Doktor gespielt. Bei ihm sei er diesmal geständig gewesen. Postel sei aber auch nichts anderes übriggeblieben bei der Beweislage. Aber Fälle, die so glatt durchgingen, habe man selten. Im ganzen sei es doch verdammt schwer, so eine Abteilung des Amtsgerichts in Ordnung zu halten. Die Qualität der Anklagen lasse ja stark nach und die Amtsrichter müßten dann die Ermittlungsdefizite ausgleichen. Das Rechtspflegeentlastungsgesetz habe eigentlich nichts gebracht, zumindest in Hamburg kaum etwas verändert. Und dann die Verteidiger. Lasse der Postel sich wegen der »Spiegel«-Geschichte etwa verteidigen? Sei das auch so ein Verteidiger, der unnötige Schwierigkeiten mache? Na, jetzt habe man sich ja ganz schön verplaudert. Er habe nur noch mal das Aktenzeichen richtigstellen wollen: 56 Ls 487/93. Also wieder an die Arbeit.

Wie Richter eben so untereinander reden.

Meine blonde Richterin stellte noch am selben Tage das Verfahren ein und unterrichtete meinen Verteidiger davon.

Mein Anwalt schrieb postwendend, er lege gegen den Beschluß Beschwerde ein und beantrage, ihn ersatzlos aufzuheben. So könne das Verfahren rechtlich sauber nicht beendet werden. Herrn Postel sei keine Verurteilung durch das Amtsgericht Hamburg bekannt. Das im Beschluß angegebene Aktenzeichen betreffe, er habe sich erkundigt, eine Zivilrechtsabteilung des Amtsgerichts Hamburg. Außerdem monierte er einen nebensächlichen, aber sinnentstellenden Schreibfehler in dem Beschluß. Statt des richtigen »verhängt« hatte die Kanzleikraft aus dem handschriftlichen Beschluß der Richterin ein »verlängert« herausgelesen.

Mit dem Hauptargument, es gebe gar keine Verurteilung, beschäftigte sich die Richterin zunächst nicht. Vielmehr schickte sie dem Verteidiger den gleichen sinnlosen Beschluß noch einmal, allerdings ohne besagten Schreibfehler, mit der Bitte, den ersten Beschluß zu »vernichten«.

Im Februar 1995 versuchte ein anderer Richter, der meine angestammte Richterin vorübergehend vertrat, endlich an die Hamburger Akte zu kommen. Aus Hamburg wurde die Suchanfrage mit dem wenig aussagekräftigen Vermerk »negativ« zurückgesandt.

Im März 1995 probierte man es mit dem zweiten Aktenzeichen, das Richter Blödorn der blonden Richterin als das »richtige« übermittelt hatte. Die Hamburger antworteten auf diese, in hanseatischen Augen einfältige, Anfrage zwei Monate überhaupt nicht.

Endlich im Juni rief eine frisch eingestellte Richterin, die nun meine Madame O. vertrat, in Hamburg an und erfuhr, daß es weder eine Abteilung 56 Ls noch einen Richter Blödorn beim Amtsgericht Hamburg gebe und daß in den letzten 5 Jahren in Hamburg kein Verfahren gegen mich geführt worden sei. Alles Fakten, die ich der Berliner Justiz, wenn man mich nur gefragt hätte, längst hätte bestätigen können.

Diese Information in einem Richterhirn zu verarbeiten, braucht allerdings seine Zeit. Und so nimmt es nicht wunder, daß meine blonde Richterin erst am 11. September 1995 einen Beschluß erließ, mit dem sie die Einstellungsentscheidung vom Herbst des Vorjahres wieder aufhob. »Es hat sich nachträglich herausgestellt, daß es die diesem Beschluß zugrundeliegende Verurteilung durch das Amtsgericht Hamburg nicht gibt«, begründete sie ihre reichlich späte Kehrtwendung.

Gleichzeitig fiel ihr ein, man könne doch mal den Hausdetektiv zu dem »Spiegel«-Diebstahl polizeilich vernehmen. Das war nämlich bislang unterblieben. Der Herr mit dem Menjoubärtchen hatte seinerzeit lediglich ein ziemlich nichtssagendes Kaiser's-Anzeigeformular an die Polizei geschickt, aus dem man den Tatablauf allenfalls erraten konnte. Der Hausdetektiv verschwitzte die erste polizeiliche Vorladung. Auch zur zweiten, die in etwa am zweiten Jahrestag des Diebstahls stattfinden sollte, erschien er nicht, was ich ihm hoch anrechne, denn nunmehr nahm die Amtsanwaltschaft den Antrag auf Erlaß eines Strafbefehls zurück und stellte das Verfahren am 28. November 1995 gemäß § 170 Abs. 2 StPO ein. Diese Vorschrift besagt, daß die Ermittlungen keine positive Verurteilungsprognose zulassen. Die Verantwortlichen von Kaiser's Kaffeegeschäft bekamen als Geschädigte die Einstellung mit dem Hinweis zugestellt, daß sie sich dagegen beschweren könnten, was sie allerdings nicht taten. Sie hatten nämlich Augenmaß und wollten für einen vor zwei Jahren stattgefunden habenden Bagatelldiebstahl keinen Finger rühren. So etwas rechnet sich nicht.

Um nun meinerseits allen Parteien Gerechtigkeit widerfahren zu lassen, nehme ich hiermit alles, was ich eingangs an Abträglichem über Hausdetektive bei Kaiser's gesagt habe, mit dem Ausdruck des Bedauerns zurück. Der Hausdetektiv hat nur seine Pflicht getan. Er trug im übrigen auch kein Menjoubärtchen, seine Haare waren nicht fettig, er war auch nicht gerade jung. Ich erinnere mich einfach nicht mehr an ihn.

Mein ausdrücklicher Dank gilt schließlich Richter Blödorn,

der mit seinen Telefonaten die Sache letztlich einem guten und gerechten Ende zugeführt hat. Da er anscheinend nicht existiert, würde ich analog zu den früher üblichen Mahnmälern »Dem unbekannten Soldaten« die Errichtung eines Denkmals vorschlagen mit der Inschrift »Dem unbekannten Richter«. Würde mein Vorschlag verwirklicht, wäre ich sicherlich der erste, der dort einen Kranz niederlegen und für eine Minute still des Richters Blödorn gedenken würde.

Wie ich von meiner narzißtischen Störung geheilt wurde und ein straffreies Leben führte

Ich hatte, dem Rat meiner Anwälte folgend, mein Urteil angenommen und befand mich nunmehr im Strafvollzug. Von Roswitha mußte ich mich zu ihrem und zu meinem Leidwesen trennen, weil ich eingesehen hatte, daß sie als Akademikerin nicht zu mir paßte. Der Abschied von ihr gestaltete sich schmerzlich, weil keiner von uns beiden gefühlsmäßig die Notwendigkeit dieses Schrittes nachvollziehen konnte. Da wir bei ihren Besuchen im Gefängnis die ganze Zeit weinen mußten und überhaupt nicht dazu kamen, uns wirklich auszusprechen, schrieb ich ihr schließlich einen Scheidebrief, in dem ich ihr auseinandersetzte, weshalb es sinnlos sei, sich weiter zu sehen:

»Roswitha!

Schreibe Dir hiermit ein letztes Mal. Bitte keine Rückantwort!

Mache mit der Anstaltspsychologin eine Antinarzißmustherapie.

Erstes Gebot dieser Therapie ist es, das Wörtchen »xxx«, mit dem man seine eigene Person bezeichnet (erste Person Singular), nicht mehr zu gebrauchen. Ist zu Anfang schwer, muß aber unbedingt durchgehalten werden, damit Therapie Erfolg hat.

Habe eine Reihe neuer Prinzipien:

Denke nie wieder daran, das Abitur zu machen.

Verachte Universitäten.

Denke, jeder Mensch hat seinen eigenen Wert, akademische Abschlüsse unwichtig.

Lese nie wieder Schopenhauer. Zu hoch für unsereins.

Mag inzwischen Kollektive ziemlich gern.

Habe mich an Biertrinken gewöhnt. Muß nicht immer Rotwein sein.

Habe absolutes FAZ-Verbot und Kontaktsperre zu V. Z.

Will mich intensiv um meine Rente kümmern.

Habe allenfalls noch 25 Jahre zum Kleben.

Fange bald als Lagerarbeiter in einer Schmelzkäsefabrik an. Einfache Arbeit, nette Kollegen, keine Aufstiegschancen, aber krisensicher.

Könnte mit Dir zusammen nicht leben.

Müßte mich dauernd schämen und zuviel kompensieren.

Anstalt sucht für mich unkomplizierte Freundin aus meiner sozialen Schicht.

Will in Zukunft viel fernsehen.

Bedaure, Dich enttäuscht zu haben.

Dein Gert

cc: Anstaltsleitung,
Dipl.Psych. Nougat

In der Therapie wurde nach und nach alles aufgearbeitet, wobei Rückschläge nicht ausblieben. So begeisterte ich mich eine Zeitlang dafür, meinen Nachnamen mit einem Akzent auf der letzten Silbe zu versehen und gegebenenfalls ein zweites »l« hinzuzufügen, um auf diese Weise einen vornehmen fremdländischen Klang zu erzeugen und von dem Postler-Image wegzukommen. Ich wollte mich also Postéll nennen, eine Referenz an den Namen des verstorbenen Fluxuskünstlers Wolf Vostell.

Da dieses Vorhaben nach Auskunft meiner Therapeutin meine Genesung gefährden und zudem mit einer Hausstrafe geahndet werden würde, nahm ich davon Abstand.

Auch mein Vorschlag, meine Abwendung von jeglichen sozialen Aufstiegswünschen dadurch zu zementieren, daß ich zum Hinduismus konvertierte und mich der niedersten Kaste, der der Unberührbaren zugesellte, fand nicht die Billigung der Anstaltsleitung. Das sei viel zu schwer in Sachsen zu kontrollieren und im übrigen zu exotisch, beschied man mich.

In Zusammenarbeit mit meiner Psychologin unternahm ich auch meine ersten Versuche, eine realistische neue Partnerbeziehung einzugehen. Zu diesem Zweck gab ich in einem lokalen Anzeigenblatt eine kostenlose Kleinannonce auf, die folgendermaßen lautete.

»Strafgefangener, 40 J., muß noch 2 Jahre abmachen (wg. Betr.), sucht liebes Mädel zw. Kennenlernen, auch mit Kd. ang., spätere Heirat n. ausgeschl. Melde Dich! Kennwort: ›Vertrauen‹.«

Ich erhielt drei Zuschriften. Eine von Roswitha, in der nur drinstand: »Gert, mach' Dich nicht lächerlich, ich liebe Dich noch immer«, die ich nicht beantwortete, sondern meiner Therapeutin aushändigte.

Eine weitere stammte von einer alkoholkranken, fast sechzigjährigen Sekretärin aus Altenburg, die sich einsam fühlte und mir ein Ganzfoto von sich, in Goldlameépumps neben einer Blautanne stehend, übersandte. Die Sekretärin kam nach der Auskunft meiner Therapeutin wegen meiner eigenen Suchtproblematik nicht in Frage. Der große Leygraf hatte ja das Suchtartige bei meinen Hochstapeleien diagnostiziert.

Interessanter war da schon die dritte »Bewerberin«. Sie schrieb:

»Werter Herr!

Habe keine Vorurteil gegen sogenannte Strafgefangene. Meine Vater waren zwanzig Jahre in Gulag für nichts. Bin Ruslanddeitsche aus Krasnojarsk. Wir, das sind meine Tochter von 11 Jahre und ich sind gekommen vor eine Jahr nach bunzrepublik. Meine Sprach schlecht, kann aberr gutt kochen und rechnen. Im Moment noch Sozialhilfe ich bekomme aber spare für Restaurant wenn sie mir helfe. Habe gelernt Melkerin. Bitte Sie antworten.

Irina Masler«

Ich schrieb ihr, daß ich demnächst meinen ersten Ausgang bekommen würde, allerdings in Begleitung meiner Therapeutin, und daß ich sie dann gerne besuchen würde.

Meine Therapeutin bereitete mich ausführlich auf den Gang in die Freiheit vor. Sie regte an, daß ich zuvor auf rein freiwilliger Basis mich meiner hochgestochenen Bücher entledigen sollte. Mit Genehmigung des Anstaltsleiters entfachte ich im Gefängnisinnenhof unter Zuhilfenahme von etwas Brandbeschleuniger ein kleines Feuer, in dem nach und nach meine Schopenhauergesamtausgabe, zwei Exemplare des »Merkur«, der »Hamlet«, ein Band Shakespeare-Sonette und »Rot und Schwarz« von Stendhal verschwanden. Obwohl sie grundsätzlich wegen der historisch-negativen Konnotationen Bücherverbrennungen mißbillige, sagte meine Therapeutin, müsse sie in meinem speziellen Fall diese Aktion doch begrüßen, weil es sich um ein symbolisches Abschiednehmen von einer inzwischen als falsch und verstiegen begriffenen Vergangenheit handele.

An einem der nächsten Wochenenden fuhr ich in Begleitung meiner Therapeutin mit der Straßenbahn in ein Leipziger Neubaugebiet und klingelte im neunten Stock bei Masler. Es öffnete eine Frau von beeindruckender Körpergröße. Ich selber messe schon 1 Meter 91. Sie überragte mich noch ein wenig. Sie trug eine geblümte Arbeitsschürze, kurze Haare.

»Kommen Sie schnell herein«, sagte sie. »Sie sind zwanzig Minuten spät. Es ist alles fertig.«

Wir traten in eine Wohnküche, die von Essensgeruch erfüllt war, und mußten uns auf einem dicken Sofa niederlassen. Vor uns auf dem Couchtisch stand eine ganze Reihe von Schüsseln, die mit allen möglichen russischen Köstlichkeiten gefüllt waren. Dazu wurde Tee und Wodka gereicht.

»Bitte keinen Alkohol für Herrn Postel«, sagte meine Therapeutin, »das ist bei Ausgängen nicht erlaubt.«

»Sie ist ihre Mutter?« fragte Irina.

Ich sagte: »Nein, das ist meine Therapeutin.«

Irina verstand nicht, was das bedeutete. Ich versuchte, es in ihren Kategorien zu erklären, auch auf die Gefahr hin, mir den Unmut meiner Therapeutin zuzuziehen: »Kommissar für Psychologie«.

Jetzt huschte ein breites Lächeln über ihr großes Gesicht mit den kräftigen, hohen Wangenknochen. »Ja, jetzt ich verstehe.« Wir mußten beide lachen, wobei ich ihr vorsichtig signalisierte, daß wir auf die Therapeutin und ihre Gefühle etwas Rücksicht nehmen sollten.

Unvermittelt, nachdem sie mir gerade ein Schnitzel aufgetan hatte, fragte Irina: »Was haben Sie gemacht, daß Sie sind in Gefängnis?«

Ich sagte: »Ich habe Psychiater gespielt.«

Irina fragte erneut: »Muß man für Psychiater spielen in Gefängnis?« Und sie fuhr fort: »Bei uns in Rußland Psychiater nicht gut.«

Meine Therapeutin erklärte: »Er war ein falscher Arzt. Er hat nicht studiert.«

Irina, die wohl noch immer nicht verstanden hatte, was ich ausgefressen hatte, sagte: »Ich hab auch nicht studiert. Ich war Landwirtschaftsschule.« Wir mußten erneut lachen.

Meine Therapeutin guckte auf die Uhr. »Wir müssen leider gehen.«

Irina, die enttäuscht schien, fragte: »Wollen Sie nicht anschauen meine Wohnung?«

Ich sagte, ohne auf meine Therapeutin zu achten: »Ja, sehr gerne.«

Meine Therapeutin sagte warnend zu mir: »Herr Postel, denken Sie an unseren Zeitrahmen.«

Irina, die sich erhoben hatte, sagte: »Was ist Zeitrahmen, hier ist mein Schlafzimmer.« Dabei öffnete sie die Tür zum angrenzenden Raum, den ein riesiges Doppelbett und eine Schrankwand fast völlig ausfüllten. In einer Ecke, an einem winzigen Schreibtisch, saß ein dünnes, blasses Mädchen mit Schleifen in den Zöpfen vor einem aufgeschlagenen Englischbuch. »Das ist Ewa, sie wird gute Schülerin.« Das Mädchen erhob sich und begrüßte uns lautlos mit einem Knicks. Meine Therapeutin drängte zum Gehen.

Irina fragte: »Werde ich Sie wiedersehen?«

Ich sagte: »Ja, hoffentlich bald«, und blickte dabei fragend auf meine Therapeutin.

»Wir werden sehen«, beschied sie uns. Sie gab Irina ihre Karte mit ihren Telefonnummern. Irina drückte mir zu Abschied die Hand mit einer Kraft, wie ich sie bei einer Frau noch nie erlebt hatte.

Dann sagte sie noch: »Ewa kann auch auf Couch schlafen«, woraus ich schloß, daß ich ihr gefiel. Ich wäre sehr gerne dageblieben.

Auf der Rückfahrt ins Gefängnis bemerkte meine Therapeutin: »Nicht unproblematisch für Sie, diese Frau Masler. Hat eine laxe Auffassung vom Recht, fürchte ich. Aber warmherzig.«

Vierzehn Tage nach diesem denkwürdigen Besuch schrieb mir Irina:

»Werter Herr Gert,

Bin inzwischen Putzfrau bei ihrer Kommissar für Psychologie. Zweimal in Woche drei Stunden. Zahlt nicht viel (10 Mark schwarz). Mit Sozialhilfe nicht schlecht. Spare. Kommissar erlaubt ihre Besuch nächstes Wochenende. Allein?

Ihr

Irina«

Meiner Therapeutin, der ich bisher jedes Schreiben, das ich erhielt, im Sinne einer vertrauensbildenden Maßnahme gezeigt hatte, verschwieg ich diesen Brief. Stattdessen berichtete sie beiläufig, diese Frau Masler habe angerufen, ob ich Interesse hätte, noch einmal zu ihr zum Tee zu kommen. Ich fragte ebenso beiläufig, ob sie, die Therapeutin, denn überhaupt Zeit habe.

Sie sagte, sie denke, wenn ich verspräche, pünktlich in die Anstalt zurückzukommen, könnte ich auch ohne Begleitung gehen.

Der nächste Samstag rückte näher. Mir war die Sache etwas ungemütlich. Worauf ließ ich mich da ein? Ich besorgte mir für 3,50 DM einen Bund Eichkätzchen und für 2,20 DM Haarclips für die Zöpfe von Ewa.

Ich war zehn Minuten zu früh und lief aufgeregt vor dem Hochhaus herum, als mir plötzlich Ewa begegnete und zu mir sagte: »Kommen Sie doch mit rauf, Mama wartet schon auf Sie. Wir nehmen es mit der Zeit nicht so genau.« Für eine Elfjährige, die erst seit einem Jahr in Deutschland war, sprach sie ein sehr elaboriertes Deutsch. Lediglich ein leichter russischer Akzent war noch zu hören. Ich nestelte die Haarclips aus meiner Manteltasche und gab sie ihr. Ihr Gesicht hellte sich merklich auf. Das Geschenk war sicherlich etwas dürftig, aber sie freute sich, daß ich an sie gedacht hatte. Ich fragte sie, was sie werden wolle. Sie erwiderte, für feste Berufspläne sei sie noch zu jung. Wenn es nur nach ihr ginge, würde sie sich gerne mit Schmetterlingen beschäftigen, sie katalogisieren und ordnen. Ihre Mutter sage, sie solle lieber etwas Praktisches lernen und Fremdsprachenkorrespondentin für Englisch werden. Englisch falle ihr aber wahnsinnig schwer. Heute, so fuhr sie fort, sei auch die Großmutter da. Die könne nicht lesen und nicht schreiben und könne auch fast kein Deutsch, sei aber sehr nett. Ich wollte wissen, ob die Großmutter auch bei ihnen wohne. Nein, die wohne beim Großvater, der bettlägerig sei. Sie lebten 40 km von Leipzig entfernt. Alle zwei Wochen besuche man sich. Neugierig geworden, wagte ich die Frage, wo denn Ewas Vater sei. Sie wurde etwas verlegen und erwiderte, der sei in Rußland und habe eine neue Frau. Sie habe ihn seit fünf Jahren nicht mehr gesehen. Er schreibe auch nicht.

Während wir bereits im Aufzug zum 9. Stock hochfuhren,

sagte sie unvermittelt: »Bitte seien Sie gut zu meiner Mutter«. Ich wußte nicht, was ich sagen sollte. Glücklicherweise war der Lift inzwischen angekommen.

Eine alte Frau mit weißem Kopftuch, grobknochig, leicht gebückt, stand in der Tür, musterte mich skeptisch, reichte mir wortlos die Hand und ging mir in die Wohnküche voraus. Irina hatte dasselbe geblümte Schürzenkleid an. Sie wirkte etwas befangen in der Gegenwart ihrer Mutter. Schnell nahm sie mir die Eichkätzchen ab und stellte sie unter Dankesgemurmel in eine Vase. Der Tisch war wieder sehr reich bedeckt. Ich und Irina mußten uns aufs Sofa setzen. Die Mutter bediente uns mit Tee und einer Art sehr wohlschmeckenden russischen Ravioli in Rahmsauce. Sie setzte sich mit Ewa etwas abseits, holte einen Rosenkranz hervor und bewegte lautlos die Lippen. Zwischendurch schickte sie uns kurze, kontrollierende Blicke zu. Nach einiger Zeit nickte sie ein. Ewa erhob sich, sagte auf russisch ein paar Worte zu ihrer Mutter und verließ die Wohnung mit einem Sprungseil.

Irina sagte im Flüsterton, um die schlafende Mutter nicht zu wecken:

»Dein Kommissar für Psychiatrie ist komisch. Sie hat Mann, der arbeitet bei Finanzamt. Ich putze die Wohnung von Kommissar schwarz. Ihre Kinder sind laut und machen viel dreckig. Sie mir gesagt, sei vorsichtig mit Gert. Ich sage, ich bin immer vorsichtig mit Männer.« Dabei nahm sie meine Hand und tätschelte sie lachend.

»Sag mal, was du wirklich gemacht hast. Hast du getötet? Ich glaube deine Kommissar kein Wort.« Noch immer ruhte ihre kräftige Hand auf meiner.

»Ich habe niemand ermordet. Ich war ein Hochstapler.« Ungläubig starrte sie mich an. »Weißt du, ich habe nur eine kleine Schule besucht. Habe kein Abitur. War nie auf Universität. Habe falsche Zeugnisse gemacht«, fuhr ich fort.

»Zeugnisse?« fragte sie stirnrunzelnd.

»Weißt du, Zeugnis ist ein, ein, ein Zertifikat von Universität.«

»Ah, Zertifikat, falsche Zertifikat«, erwiderte sie begreifend. »Was ist richtiger Beruf von dir?«

»Postbote. Ich habe Briefe ausgetragen, in Briefkästen gesteckt.«

»Und warum hast du Strafe bekommen? Nur für falsche Zertifikat? Oder warst du schlechte Postbote? Hast du Briefe in falsche Briefkasten gesteckt? Warst du Rowdy? Hast du getrunken und Briefe aufgemacht und Geld genommen?« Ihr Gesicht hatte sich leicht gerötet, es machte ihr sichtlich Spaß, mich auszufragen. Sie schien auch gut zu wissen, daß sie in eine falsche Richtung steuerte.

»Ich bin bestraft worden, weil ich mit falschem Zertifikat ein falscher Arzt in einem psychiatrischen Krankenhaus geworden bin und zwei Jahre dort gearbeitet und fast zweihunderttausend Mark verdient habe. Du verstehst: Betrug, Täuschung.«

»Ich verstehe,« sagte sie, »du hast zuviel Geld genommen von arme Patienten.« Und dann fügte sie mit plötzlich erwachendem Interesse hinzu: »Hast du noch was übrig von die Geld, hast du gespart? Wir können Partner werden in meine Restaurant.«

Ich mußte sie enttäuschen: »Mein ganzes Geld hat die Polizei. Ich habe auch nicht von armen Patienten zuviel genommen. Ich durfte kein Geld verdienen, weil ich gar kein richtiger Arzt war. Ich war ein Scharlatan. Ich war ein Schauspieler. Ich …«

Sie legte mir den Finger auf den Mund. »Psst. Ich weiß schon. Wir beide arbeiten und sparen für Restaurant. Du reden mit Behörde für Konzession. Du gut reden kannst. Ich kochen und rechnen.« Dabei zeigte sie auf einen im Küchenregal stehenden Abacus. »Mama abwaschen. Hast du Auto …. ich meine Führerschein, oder da auch falsche Zertifikat?« Ich sagte, ich hätte einen richtigen Führerschein. Darüber war sie so entzückt, daß sie von unserem Flüsterton abweichend ausrief: »Dann du Einkauf machen.« Vor lauter Freude zog sie mich zu sich heran und gab mir einen Kuß. Die Mutter erwachte, blinzelte ein paar Sekunden in unsere Richtung und schloß wieder die Augen.

Irina nahm mich bei der Hand und führte mich leise ins Schlafzimmer. Mit stolzer Handbewegung wies sie auf zwölf blank geputzte Samoware aus Messing, die sauber aufgereiht auf dem Schleiflackschrank standen, und sagte: »Das mein Kapital für Anfang.« Ich umarmte sie. Sie roch nicht nach »vent vert«, sondern nach diesen russischen Ravioli in Rahmsauce. Ihr Parfüm war also »pelmini«, wie ich später lernte. Ihre Haut war weich. Sie war sehr nett zu mir, aber auch sehr züchtig. Sie zog die Gardinen und Vorhänge zu. Wir entkleideten uns getrennt in der Dunkelheit und trafen uns unter der schweren Bettdecke absolut lautlos und magisch. Wir vermieden alles, was geeignet war, die Alte nebenan zu wecken. Und ich muß als alter Katholik gestehen, dieser kurze Liebesnachmittag war intensiver als vieles, was ich bis dahin erlebt hatte. Ich genoß ihre Zuneigung sehr und dachte mit Schaudern an das letzte exaltierte Zusammensein mit meiner Kieferchirurgin im Luxushotel in Baden-Baden, wo wir uns in gespielter Leidenschaft die Kleider vom Leibe gerissen hatten, um dann zu den Klängen des Bolero dieser spießig-lauten Akrobatik zu frönen, eingerahmt von Dusch- und Whirlpoolorgien vorher und nachher und anschließend gekrönt von einem sündhaft teuren, sechsgängigen Drei-Sterne-Menu mit Jahrgangschampagner.

Leider war die Zeit mit Irina viel zu kurz und zu schnell vergangen. Wenn ich nicht pünktlich in zwanzig Minuten wieder in meinem Gefängnis war, würde mir der Ausgang für einen Monat gesperrt werden. Der Fußmarsch zur Straßenbahnhaltestelle, zehn Stationen, das alles war in der kurzen zur Verfügung stehenden Zeit nicht zu schaffen. Ich erklärte ihr meine

Not. Wir zogen uns in Windeseile an, stürzten an der schlafenden Mutter vorbei aus der Wohnung in den Aufzug, wo Irina nicht den Knopf fürs Erdgeschoß, sondern für den dritten Stock drückte. Sie klingelte bei Landsleuten, sagte etwas kommandoartig Knappes in Russisch, und zwanzig Sekunden später fuhr uns ein kleiner Mann mit vielen Ringen an den Fingern in einem dicken Mercedes zur Justizvollzugsanstalt, wo wir zwei Minuten vor dem Zapfenstreich anlangten. Ein flüchtiger Kuß, und ich verschwand hinter der schweren Eisentür.

***

Heute blicke ich auf eine zehnjährige Ehe mit Irina zurück. Wir sitzen in unserem gemeinsamen Büro. Ich telefoniere, nehme Reservierungen für die kommende Woche entgegen. Zu uns kommt toute Leipzig. Irina rechnet am liebsten noch immer mit dem Abacus, obwohl wir inzwischen auch Computer haben. Sie ist unglaublich schlau, aber nicht intellektuell. Das ist übrigens auch eines der Geheimnisse unserer ehelichen Harmonie.

Wir besitzen neben unserem Restaurant, das natürlich »Irinas Samowar« heißt, noch eine russische Teestube, wo wir für unsere Gäste auch gehobene Publikationen auslegen, sogar den »Merkur«. Neulich besuchte uns der alte Zastrow, der noch immer nicht Mitherausgeber der FAZ ist. Er nahm mich beiseite und raunte mir zu: »Ich habe Ihnen ja seinerzeit eine vernichtende Prognose gestellt. Daß ich nicht recht behalten habe, verdanken Sie Ihrer Frau.«

Noch immer befallen mich von Zeit zu Zeit Depressionen. Dann sagt Irina: »Vergiß bitte nie, daß du mit einer Melkerin verheiratet bist und nie etwas anderes als Postbote gelernt hast. Außerdem hast du noch immer striktes Schopenhauer-Verbot.«

Unsere Ersparnisse haben wir steuerschonend in einer psychiatrischen Privatklinik angelegt. Einmal im Jahr gehen wir

Noch immer befallen mich von Zeit zu Zeit Depressionen.

zur Hauptversammlung und nehmen die Berichte des ärztlichen und des wirtschaftlichen Leiters entgegen. Da wir mittlerweile die Hauptaktionäre der Gesellschaft sind, hat es sich die Geschäftsleitung nicht nehmen lassen, unseren letzten Neubau »Gert und Irina Postel-Haus« zu nennen. So bin ich doch zu guter Letzt in maßgeblicher Position in die Psychiatrie zurückgekehrt.

»Edith Stork – Geheimwaffe gegen das Chaos.«

BILD

Edith Stork
Eine Frau räumt auf
Ordnung ist mein Weg –
eine Erfolgsgeschichte
160 Seiten · geb. mit SU
€ 17,90 (D) · sFr 32,–
ISBN 3-8218-3971-6

Ordnung ist das halbe Leben, weiß ein ungeliebter Spruch aus Kindertagen, der Rest ist Suchen, ergänzt Edith Stork aus Erfahrung. Sie ist erfolgreiche Unternehmerin. Ihre Profession: Sie räumt auf. Egal, ob Büro, Geschäftsräume oder Privathaushalt – Edith Stork schafft für ihr völlig unbekannte Menschen Ordnungssysteme, die bleiben. Ihr Motto: Ich komme nur einmal.

In ihrer fesselnden Autobiografie erzählt Edith Stork, wie und warum sie wurde, was sie ist: eine ungewöhnliche Frau, die mit einer noch ungewöhnlicheren Geschäftsidee die Unordnung das Fürchten lehrt.